예전예식서

범례

굵은 글자	: 헌법 인용
ǀ 글자	: 해당 내용에 대한 해설
색상 글자	: 순서지 내 인도자의 낭독 부분
(괄호 내용)	: 순서지 내 항목에 대한 설명

예전예식서

대한예수교장로회 고신총회
THE KOSIN PRESBYTERIAN CHURCH IN KOREA

서문

교회는 예배하는 공동체다. 교회헌법 관리표준 예배 제1조는 교회를 다음과 같이 정의한다: "교회란 예수 그리스도의 공로로 구원받은 그리스도인들이 모여 하나님 앞에 예배하는 공동체이다. 교회는 예수 그리스도의 몸으로서 성령의 역사로 말미암아 계속적인 하나님의 말씀이 정확하게 선포되어야 하고, 성례를 올바르게 집행하여야 하며 권징을 정당하게 시행함으로 그 정통성이 유지되어야 한다." 이같이 교회와 예배는 밀접한 관계에 있다. 말씀의 정확한 선포, 성례의 올바른 집행, 권징의 정당한 시행이라는 교회의 표지(標識)가 잘 드러나도록 교회 예배에는 질서가 필요하다. 하나님은 어지러움의 하나님이 아니요 오직 화평의 하나님이시다(고린도전서 14:33). 하나님은 예배의 질서를 통해 교회가 화평을 지켜가기를 원하신다. 바로 이 예배의 질서를 위해 『예배(지침)』(Directory for Worship)와 『예식서』(Book of Common Worship)가 있다.

우리 고신교회를 포함해서 대부분 한국장로교회는 미국 장로교회처럼 『예배(지침)』와 『예식서』 모두를 가지고 있다. 『예배(지침)』가 교회 헌법에 수록되어 교회법의 권위를 갖고서 예배를 뒷받침하는 신학, 예배를 위한 지침, 예배순서에 대한 기준과 원칙을 설명한다면, 『예식서』는 『예배(지침)』에서 제시한 신학과 원칙에 따라 예배순서와 예식문을 제시하고 있다. 『예식서』는 『예배(지침)』보다 더 역사가 깊다.

16세기 개혁교회들은 『예식서』를 사용했다. 스위스, 독일, 프랑스, 이탈리아, 네덜란드, 영국, 스코틀랜드 개혁교회들은 예식이 있는 예배를 드렸다. 그런데 미국 장로교회와 한국장로교회에 영향을 끼친 영국교회는 예배개혁에 착수하나 난관에 봉착하고, 1559년 엘리자베스 여왕의 주도로 예식서가 개정되나 로마천주교에서 청교도에 이르는 모두를 수용하는 것이기에 청교도의 저항을 받았다. 이런 배경에서 1644년 『웨스트민스터 예배지침』이 작성되었다. 이 예배지침은 제목 그대로 예배를 위한 지침이 있을 뿐 예식에 대한 내용은 없었다. 이 예배지침이 미국 장로교회 예배에 영향을 끼쳤고 한국장로교회에 그대로 도입되었다. 고신교회는 선교사를 통해 소개된 예배지침을 오랫동안 그대로 사용하다가 몇 차례에 걸쳐 개정했다. 한편 1982년에 처음으로 예배지침을 보완하기 위해 예식서를 따로 발간했고 이후로 2차례 개정을 했다(1999년, 2014년).

 2023년 7월 새 개정헌법이 공포된 이후 제73회 총회(2023년 9월)는 예전예식서개정위원회를 구성하고 새 개정헌법의 『예배(지침)』에 부합한 예전예식서를 개정하는 임무를 맡겼다. 위원회는 집필할 때 성경의 원리는 물론 공교회 전통과 역사적 개혁주의 전통을 존중하고, 우리 헌법 『예배(지침)』에 준하려고 했으며, 지난 예식서(1982년, 1999년, 2014년)를 참고했다. 위원회는 약 1년 이상 동안 여러 차례의 강도 높은 독회(讀會)와 토론을 거쳤고, 가독성이 있도록 국어 전문가의 도움을 받았으며, 교회 현장에 제대로 적용할 수 있도록 다양한 지역과 나이의 목회자들에게 의뢰하여 직접 시행하게 해서 피드백을 받아 반영하였고, 실제적인 도움을 제공하기 위해 6장(장례), 8장(특별 심방), 10장(기타)에서는 참고할 성경 본문과 함께 각각 설교 요지를 실었다.

이 작업을 위해 봉사하고 수고한 모든 위원은 물론 특별히 물심양면으로 후원한 교회들, 꼼꼼히 교정을 해 준 분들, 목회현장에서 시행해보고 피드백을 주신 목회자들에게 감사드린다. 본 예전예식서를 통해 예배에 더욱 품위와 질서가 있고, 풍성하면서도 생명이 넘쳐서 오직 삼위일체 하나님만을 높이고 영광 돌리는 예배가 되기를 바란다.

2025년 8월

대한예수교장로회 고신총회 예전예식서개정위원회

위원장 성희찬
서 기 강현복
회 계 전우수
위 원 김진영 문화랑 안동철 안재경 채경락

차례

서문　4

제1장　**공예배**(주일과 절기)**와 기도회**　13

주일 공예배　18
- 주일 오전예배　18
- 성찬식이 있는 주일예배　23
- 주일 오후(저녁)예배　24

절기와 감사일　25
- 성탄절 예배　25
- 부활절 예배　28
- 성령강림절 예배　31
- 맥추감사주일 예배　34
- 추수감사주일 예배　37
- 송구영신 예배　40

금식일 예배　43

기도회　46
- 수요 기도회　48
- 새벽 기도회　49
- 구역 기도회　50
- 가정 기도회　51

제2장 성례와 신앙고백 　　53

유아세례식　56
세례식　60
학습식　63
입교식　66
성찬식　70

제3장 권징 　　79

시벌　81
해벌　84

제4장 직원 임직 및 은퇴 　　87

목사 임직식　89
목사 위임식　93
담임목사(전임목사) 취임식　97
강도사 인허증 전달식　99
선교사 파송식　101
장로 집사 권사 임직식　106
직원 은퇴 및 추대식　110
· 목사 은퇴식　111
· 장로 집사 권사 은퇴식　113
· 추대식(원로 목사 및 원로 장로)　115
· 목사 은퇴 및 원로 목사 추대식　118
· 장로 은퇴 및 원로 장로 추대식　121

제5장 결혼   125

결혼식 순서 128
결혼예식 설교문 131

제6장 장례   135

위로 예배 138
입관 예배 139
발인 예배 140
하관(화장, 봉안) 예배 141
참고할 성경 143

제7장 예배당 봉헌   149

예배당 봉헌식 151

제8장 목회 심방 (환자, 시험 든 자, 임종 앞둔 이)   155

경건회 157
참고할 성경 157
기도문 165

대한예수교장로회 고신총회
THE KOSIN PRESBYTERIAN CHURCH IN KOREA

제9장 **기도문**   169

제10장 **기타**   179

    삶의 경축 관련 참고할 성경본문 180
    계절 관련 184
    기타 188

부록   195

    부록 1. 사도신경 196
    부록 2. 니케아 신경 197
    부록 3. 십계명(출애굽기 20:1~17) 198
    부록 4. 십계명(신명기 5:6~21) 200

예식서 편찬 및 개정 위원

제1차 예식서(1978~1982)

박정덕 이종영 전호진 김동철 심상래 이 선

제2차 예식서(1995~1999)

김명관 심상래 신상현 박삼우 한진환
조긍천 정금출 차철규

제3차 예식서(2013~2014)

윤희구 장희종 정수생 안용운 구자우 유해무 성희찬

제4차 예식서(2023~2025)

성희찬 강현복 전우수 채경락
안동철 안재경 김진영 문화랑

제1장

공예배(주일과 절기)와 기도회

제1장

공예배(주일과 절기)와 기도회

주일 공(公)예배

공예배의 정의

거룩한 예배의 날인 주일에 교회공동체가 헌법이 규정한 예배의 요소를 갖추어서 하나님을 예배하는 것을 주일 공예배라고 한다. 주일 공예배는 교회공동체에 속한 모든 성도와 언약의 자녀들이 참여해야 하는 가장 중요한 의무이다(예배, 제20조).

주일 공예배 이외의 예배

주일과 평일에 당회가 정한 시간과 장소에서 하나님을 찬양하고 기도와 말씀으로 경배하는 것을 예배라고 한다. 이러한 예배는 당회의 결정에 따라 기도회라 명칭 할 수 있다(예배, 제21조).

이와 같이 우리 헌법(예배)은 개체교회가 언약의 자녀를 포함하여 온 회중이 함께 모여, 직분자의 인도로, 예배의 요소를 갖추어 드리는 예배를 공예배라고 한다. 공예배 때는 어느 때보다 은혜의 방편(말씀과 성례)이 풍성하게 나타나야 한다.

회중은 공예배를 통해 하나님께서 베푸시는 은혜에 감사로 화답하며, 하나님과 언약적 교제를 누린다. 공예배 이외의 모임은 기도회라 부른다.

주일예배의 요소와 순서

주일 공예배의 기본적인 요소는 다음과 같고 순서는 당회가 정한다(예배, 제8조).

1. 예배의 요소
    1) 예배 초청과 축복의 인사
    2) 죄의 공적 고백과 사죄 선언
    3) 말씀 선포
    4) 성례식
    5) 기도
    6) 찬송
    7) 헌금(봉헌)
    8) 축도(강복선언)

2. 예배의 순서
    1) 예배 초청(시 124:8)
    2) 축복의 인사(고전 1:3, 계 1:4,5)
    3) 영광찬송(송영, 엡 1:3,6,12,14)

4) 십계명(언약의 확인, 출 20:1~17, 신 5:6~21)

5) 회개기도(시 51:1~12)

6) 사죄의 선포(사 1:18, 38:17)

7) 성경 교독(딤후 3:14~17)

8) 신앙고백[삼대 공교회 신경](마 16:16)

9) 감사찬송(골 3:16, 엡 5:19)

10) 대표기도(딤전 2:1)

11) 성경 봉독(계 1:3, 골 4:16)

12) 찬양(출 15:1~21)

13) 설교(딛 1:9, 행 9:20, 10:42, 눅 24:47, 딤후 4:2)

14) 성례(마 28:19~20)

15) 금식과 감사(마 6:16~18, 시 118:1~4)

16) 권징(마 18:18, 고전 5:4~5)

17) 화답찬송(골 3:16)

18) 헌금(행 11:27~30, 고전 16:1)

19) 교제(행 2:42)

20) 주기도(마 6:9~13)

21) 축도(고후 13:13, 민 6:24~26)

공예배 요소는 성경의 명시적인 가르침에 기초하고, 공예배 순서는 당회가 정한다.

절기와 감사일

교회는 구원 역사를 기념하고 소망하면서 성도의 유익을 위해 개교회 형편에 따라 절기와 감사일을 정하여 지킬 수 있다.

1. 교회의 구속사적 절기는 성탄절, 부활절, 성령강림절 등이다.
2. 감사일에는 맥추감사절, 추수감사절이 있다.
3. 성경적이지 않고 구원 역사와 관련이 없는 절기를 만들거나 시행해서는 안 된다. 단, 총회가 전도와 복음사역을 위해서 결의할 경우 한 주간을 기념주간으로 정할 수 있다(예배, 제31조).

금식일

교회나 노회, 총회가 금식일을 지정하거나, 국가 또는 교인의 가정에 극히 어려운 일(전쟁, 심각한 자연재해, 전염병 등)이 발생했거나 목사가 필요하다고 인정했을 때, 당회는 금식기도 일정을 정하고 이를 교회 앞에 공포할 수 있다(예배, 제32조).

Ⅰ. 주일 공예배

1. 주일 오전예배

1. 예배 초청
2. 축복의 인사
3. 신앙고백(사도신경)
4. 영광찬송
5. 십계명
6. 회개기도
7. 사죄의 선포
8. 감사찬송
9. 대표기도
10. 성경봉독
11. 찬양
12. 설교
13. 화답찬송
14. 헌금(봉헌)
15. 마침찬송
16. 축도(강복선언)
17. 교제(교회소식)

주일오전 예배

환영인사 ··· **인도자**

오늘 예배에 참석하신 모든 분을 주님의 이름으로 환영합니다.

예배 초청 ··· **인도자**

"우리의 도움은 천지를 지으신 여호와의 이름에 있도다"(시 124:8)

(온 회중이 하나님이 유일한 도움임을 고백하면서 예배를 시작한다. 목사와 회중이 함께 외칠 수 있고, 목사가 회중을 대표해서 외칠 수도 있다. 또는 목사가 "우리의 도움은"이라고 선창하면 회중이 "천지를 지으신 여호와의 이름에 있도다"라고 후창할 수도 있다. 시 9:1~2, 24:1~4, 113:1~3, 121:1~2, 150:1~2, 마 11:28, 요 4:23~24, 계 15:3~4 중 하나를 사용할 수 있다)

축복의 인사 ·· **인도자**

"하나님 우리 아버지와 주 예수 그리스도로부터 은혜와 평강이 있기를 원하노라"(고전 1:3)

혹은

"이제도 계시고 전에도 계셨고 장차 오실 이와 그의 보좌 앞에 있는 일곱 영과 또 충성된 증인으로 죽은 자들 가운데에서 먼저 나시고 땅의 임금들의 머리가 되신 예수 그리스도로 말미암아 은혜와 평강이 너희에게 있기를 원하노라"(계 1:4~5)

(목사가 하나님을 대신하여 회중에게 인사하는 순서다. 회중에게 은혜와 평강의 복이 임할 것을 선포한다)

신앙고백 ··· **다같이**

사도신경으로 우리의 신앙을 고백하겠습니다.

영광찬송 ·· **다같이**

(삼위 하나님의 뛰어난 영광과 위대하심을 찬송한다. 적절한 시편찬송(고려서원 출판)이나 찬송가 8~48장 중 하나를 부른다)

십계명 ·· **인도자**

하나님께서 선포하신 언약의 말씀입니다.

(출 20:2~17 혹은 신 5:6~21)

(십계명은 하나님과 백성이 맺은 열 가지 언약의 말씀이다. 목사가 선포할 수도 있고, 회중과 함께 교독할 수도 있다. 십계명은 부록을 참고하라)

회개기도 ·· **다같이**

언약의 열 가지 말씀인 십계명으로 자신을 돌아보며 하나님께 회개의 기도를 드리겠습니다.

(회중과 함께 죄를 고하는 시간이다)

사죄의 선포 ·· **인도자**

우리를 위해 죽으시고 다시 사신 우리 주 예수 그리스도께서 말씀하십니다.

"나도 너를 정죄하지 아니하노니 가서 다시는 죄를 범하지 말라"(요 8:11)
이제 여러분의 죄는 용서되었고 평화가 있을 것입니다.

혹은

"만일 우리가 우리 죄를 자백하면 그는 미쁘시고 의로우사 우리 죄를 사하시며 우리를 모든 불의에서 깨끗하게 하실 것이요"(요일 1:9)

진심으로 우리의 허물과 죄를 자백했으니 주님께서 모든 불의에서 우리를 깨끗하게 하셨습니다. 이제 기쁜 마음으로 예배합시다.

(예배를 인도하는 목사가 성경에서 죄 사함의 말씀을 선택하여 하나님을 대신하여 선포한다)

감사찬송 ·· **다같이**
(이제 죄 사함을 받았기에 감사찬송을 올려드린다. 시편찬송이나 찬송가 250~282장 중 하나를 부른다)

대표기도 ·· **맡은 이**
(대표기도는 주로 장로가 하는데, 교회와 성도의 모든 필요와 설교를 위한 성령님의 은혜를 구하는 기도이다)

성경봉독 ·· **인도자**
(설교 본문이나 교회력을 따른 성경본문을 읽는다)

찬양 ·· **찬양대**

설교 ·· **목사**
(설교는 하나님의 말씀을 공적으로 선포하는 것이다. 설교를 통해 목사는 하나님의 입이 된다. 설교 후에 목사가 기도한다. 받은 말씀을 가지고 회중이 함께 기도할 수도 있다)

화답찬송 ·· **다같이**
(화답찬송은 선포된 말씀에 대해 회중이 아멘으로 화답하는 것이다. 설교에 화답할 수 있는 찬송을 선택한다)

헌금(봉헌) ··· **다같이**
(헌금은 하나님께 자신을 드리는 믿음의 고백이요, 서로를 섬기는 것이다)

마침찬송 ·· **다같이**
(예배를 드리고 세상으로 파송받는 찬송이다. '주기도송'을 부르기도 한다)

축도(강복선언) ·· **목사**
"여호와는 네게 복을 주시고 너를 지키시기를 원하며 여호와는 그의 얼굴을 네게 비추사 은혜 베푸시기를 원하며 여호와는 그 얼굴을 네게로 향하여 드사 평강 주시기를 원하노라"(민 6:24~26)

혹은

"주 예수 그리스도의 은혜와 하나님의 사랑과 성령의 교통하심이 너희 무리와 함께 있을지어다"(고후 13:13)

(목사가 하나님의 복을 선언하는 강복선언이다. 회중은 삼위 하나님의 복을 귀로 듣고, 목사의 손을 보면서 하나님께서 복을 내려 주심을 확인한다)

교제(교회소식) ·· **다같이**
(교회소식은 광고에 머물지 않고 성도의 교제를 나누는 순서이다. 교회 형편에 따라 축도 이전에 시행할 수 있다)

2. 성찬식이 있는 주일예배

1. 예배 초청
2. 축복의 인사
3. 신앙고백(사도신경)
4. 영광찬송
5. 십계명
6. 회개기도
7. 사죄의 선포
8. 감사찬송
9. 대표기도
10. 성경봉독
11. 찬양
12. 설교
13. 화답찬송
14. 성찬식(자세한 내용은 제2장을 참고하라)
15. 헌금(봉헌)
16. 마침찬송
17. 축도(강복선언)
18. 교제(교회소식)

3. 주일 오후(저녁)예배

1. 예배 초청
2. 축복의 인사
3. 신앙고백(니케아 신경)

    (고대 3대 공교회신경 중의 하나인
    니케아 신경을 고백한다. 부록을 참고하라)

4. 영광찬송
5. 대표기도
6. 성경봉독
7. 찬양
8. 설교
9. 화답찬송
10. 헌금(봉헌)
11. 주기도문

    (찬송가 635장 "하늘에 계신"을 부를 수 있다)

12. 축도(강복선언)
13. 교제(교회소식)

Ⅱ. 절기와 감사일

(절기와 감사일에는 고대교회로부터 내려오는 전통에 따라 '첫째 본문(구약)', '시편 찬송(시편을 찬송으로 부른다)', '둘째 본문(신약)', '셋째 본문(복음서)'을 읽고 마지막으로 설교할 본문을 읽고 설교하는 것이 좋다)

1. 성탄절 예배

1. 예배 초청
2. 축복의 인사
3. 신앙고백(니케아 신경)
4. 찬송
5. 대표기도
6. 첫째 본문(구약)
7. 시편찬송
8. 둘째 본문(신약)
9. 찬송
10. 셋째 본문(복음서)
11. 찬양
12. 성경봉독과 설교
13. 찬송
14. 헌금(봉헌)
15. 주기도문
16. 축도(강복선언)
17. 교제(교회소식)

성탄절 예배

환영인사 ··· 인도자

   성탄 감사 예배에 참석하신 모든 분을 환영합니다.

목사: 지극히 높은 곳에서는 하나님께 영광이요
회중: 땅에서는 하나님이 기뻐하신 사람들 중에 평화로다(눅 2:14)

축복의 인사 ·· 인도자

"하나님의 사랑하심을 받고 성도로 부르심을 받은 모든 이에게 하나님 우리 아버지와 주 예수 그리스도로부터 은혜와 평강이 있기를 원하노라" (고전 1:3)

신앙고백 ··· 다같이

   니케아 신경으로 우리의 신앙을 고백하겠습니다.

(성탄절에는 성자 하나님에 대한 고백이 충실한 니케아 신경으로 고백하는 것이 좋다. 부록의 니케아 신경을 참고하라)

찬송 ··· 다같이

   (찬송가 122장 "참 반가운 성도여"나 106~129장 중 하나를 부른다)

대표기도 ··· 맡은 이

첫째 본문(구약) ·· 맡은 이

   (사 9:2~7)

시편찬송 ··· 다같이

   (시편 96~98편으로 지은 시편찬송가 중 하나를 부른다)

둘째 본문(신약) ·· **맡은 이**
(히 1:1~4)

찬송 ··· **맡은 이**
(찬송가 106~129장 중 하나를 부른다)

셋째 본문(복음서) ·· **맡은 이**
(눅 2:1~14)

찬양 ··· **찬양대**

성경봉독과 설교 ·· **목사**

찬송 ··· **다같이**
(찬송가 106~129장 중 하나를 부른다)

헌금(봉헌) ··· **다같이**

주기도문 ·· **다같이**
(혹은 찬송가 635장 "하늘에 계신(주기도문)"을 부를 수 있다)

축도(강복선언) ·· **목사**

교제(교회소식) ·· **다같이**
(교회 형편에 따라 축도 이전에 시행할 수 있다)

2. 부활절 예배

1. 예배 초청
2. 축복의 인사
3. 신앙고백(사도신경)
4. 찬송
5. 대표기도
6. 첫째 본문(구약)
7. 시편찬송
8. 둘째 본문(신약)
9. 찬송
10. 셋째 본문(복음서)
11. 찬양
12. 성경봉독과 설교
13. 찬송
14. 헌금(봉헌)
15. 주기도문
16. 축도(강복선언)
17. 교제(교회소식)

부활절 예배

예배 초청 ··· **인도자**

부활절 예배에 참석하신 모든 분을 환영합니다. 고대교회가 부활절에 나누었던 인사를 하겠습니다. '예수님이 부활하셨다'는 뜻의 헬라어입니다.

목사: 예수스 아네스테!
회중: 예수스 아네스테!

축복의 인사 ··· **인도자**

"하나님의 사랑하심을 받고 성도로 부르심을 받은 모든 이에게 하나님 우리 아버지와 주 예수 그리스도로부터 은혜와 평강이 있기를 원하노라"
(고전 1:3)

신앙고백 ··· **다같이**

찬송 ··· **다같이**

(찬송가 161장 "할렐루야 우리 예수"나 159~173장 중 하나를 부른다)

대표기도 ··· **맡은 이**

첫째 본문(구약) ··· **맡은 이**

(사 25:6~9)

시편찬송 ··· **다같이**

(시편 118편으로 지은 시편찬송가를 부른다)

둘째 본문(신약) ··· **맡은 이**
(행 10:34~43)

찬송 ··· **맡은 이**
(찬송가 159~173장 중 하나를 부른다)

셋째 본문(복음서) ·· **맡은 이**
(요 20:1~18)

찬양 ··· **찬양대**

성경봉독과 설교 ··· **목사**

찬송 ··· **다같이**
(찬송가 159~173장 중 하나를 부른다)

헌금(봉헌) ·· **다같이**

주기도문 ··· **다같이**
(혹은 찬송가 635장 "하늘에 계신(주기도문)"을 부를 수 있다)

축도(강복선언) ·· **목사**

교제(교회소식) ·· **다같이**
(교회 형편에 따라 축도 이전에 시행할 수 있다)

3. 성령강림절 예배

1. 예배 초청
2. 축복의 인사
3. 신앙고백(사도신경)
4. 찬송
5. 대표기도
6. 첫째 본문(구약)
7. 시편찬송
8. 둘째 본문(신약)
9. 찬송
10. 셋째 본문(복음서)
11. 찬양
12. 성경봉독과 설교
13. 찬송
14. 헌금(봉헌)
15. 주기도문
16. 축도(강복선언)
17. 교제(교회소식)

성령강림절 예배

예배 초청 ··· **인도자**

성령강림절 예배에 참석하신 모든 분을 환영합니다. 예수님께서 하신 성령강림의 말씀으로 인사하겠습니다.

목사: 오직 성령이 너희에게 임하시면 너희가 권능을 받고
회중: 예루살렘과 온 유대와 사마리아와 땅끝까지 이르러 내 증인이 되리라
　　(행 1:8)

축복의 인사 ··· **인도자**

"하나님의 사랑하심을 받고 성도로 부르심을 받은 모든 이에게 하나님 우리 아버지와 주 예수 그리스도로부터 은혜와 평강이 있기를 원하노라"
(고전 1:3)

신앙고백 ··· **다같이**

찬송 ··· **다같이**
　　(찬송가 187장 "비둘기같이 온유한"이나 182~195장 중 하나를 부른다)

대표기도 ··· **맡은 이**

첫째 본문(구약) ··· **맡은 이**
　　　　　　　　　　(민 11:24~30)

시편찬송 ··· **다같이**
　　　　　　(시편 104편으로 지은 시편찬송가를 부른다)

둘째 본문(신약) ··	**맡은 이**
(행 2:1~21)	
찬송 ··	**맡은 이**
(찬송가 182~195장 중 하나를 부른다)	
셋째 본문(복음서) ···	**맡은 이**
(요 14:8~17)	
찬양 ··	**찬양대**
성경봉독과 설교 ··	**목사**
찬송 ··	**다같이**
(찬송가 182~195장 중 하나를 부른다)	
헌금(봉헌) ···	**다같이**
주기도문 ··	**다같이**
(혹은 찬송가 635장 "하늘에 계신(주기도문)"을 부를 수 있다)	
축도(강복선언) ··	**목사**
교제(교회소식) ··	**다같이**
(교회 형편에 따라 축도 이전에 시행할 수 있다)	

4. 맥추감사주일 예배

(한국개신교회는 전통적으로 7월 첫째 주일을 맥추감사주일로 지켜왔다. 이제 한국은 농경문화 사회가 아니고, 7월이 보리를 추수하는 절기도 아니다. 그렇지만, 우리 헌법이 '감사일'을 규정하고 있기에 한 해의 절반을 지나면서 함께하시고 복 주신 하나님께 감사하며 예배할 수 있다)

1. 예배 초청
2. 축복의 인사
3. 신앙고백(사도신경)
4. 찬송
5. 대표기도
6. 첫째 본문(구약)
7. 시편찬송
8. 둘째 본문(신약)
9. 찬송
10. 셋째 본문(복음서)
11. 찬양
12. 성경봉독과 설교
13. 찬송
14. 헌금(봉헌)
15. 주기도문
16. 축도(강복선언)
17. 교제(교회소식)

맥추감사주일 예배

예배 초청 ··· **인도자**

맥추감사주일 예배에 참석하신 모든 분을 환영합니다. 한 해의 절반을 보내면서 그동안 베풀어주신 하나님의 모든 은혜에 감사하며 함께 예배하겠습니다.

축복의 인사 ··· **인도자**

"하나님의 사랑하심을 받고 성도로 부르심을 받은 모든 이에게 하나님 우리 아버지와 주 예수 그리스도로부터 은혜와 평강이 있기를 원하노라"
(고전 1:3)

신앙고백 ··· **다같이**

사도신경으로 우리의 신앙을 고백하겠습니다.

찬송 ··· **다같이**

(찬송가 429장 "세상 모든 풍파 너를 흔들어"를 부른다)

대표기도 ··· **맡은 이**

첫째 본문(구약) ··· **맡은 이**

(신 12:15~19 혹은 26:1~11)

시편찬송 ··· **다같이**

(시편 63, 73, 103편으로 지은 시편찬송가 중 하나를 부른다)

둘째 본문(신약) ···	**맡은 이**
(딤전 6:3~11)	
찬송 ···	**맡은 이**
(찬송가 587~594장 중 하나를 부른다)	
셋째 본문(복음서) ···	**맡은 이**
(눅 17:11~19)	
찬양 ···	**찬양대**
성경봉독과 설교 ···	**목사**
찬송 ···	**다같이**
(찬송가 447장 "이 세상 끝날까지"를 부른다)	
헌금(봉헌) ···	**다같이**
주기도문 ··	**다같이**
(찬송가 635장 "하늘에 계신"(주기도문)을 부를 수 있다)	
축도(강복선언) ··	**목사**
교제(교회소식) ··	**다같이**
(교회 형편에 따라 축도 이전에 시행할 수 있다)	

5. 추수감사주일 예배

(한국개신교회는 주로 11월 셋째 주일을 추수감사주일로 지켜왔다. 우리 헌법도 이날을 '감사일'로 규정하고 있기에 하나님께서 주신 은혜를 감사하면서 예배드린다. 특별히 구제와 선교를 위해 봉헌할 수 있다)

1. 예배 초청
2. 축복의 인사
3. 신앙고백(사도신경)
4. 찬송
5. 대표기도
6. 첫째 본문(구약)
7. 시편찬송
8. 둘째 본문(신약)
9. 찬송
10. 셋째 본문(복음서)
11. 찬양
12. 성경봉독과 설교
13. 찬송
14. 헌금(봉헌)
15. 주기도문
16. 축도(강복선언)
17. 교제(교회소식)

추수감사주일 예배

예배 초청 ·· **인도자**

추수감사주일 예배에 참석하신 모든 분을 환영합니다. 하나님께서 올 한 해 동안 베풀어 주신 모든 은혜에 감사하며 함께 예배하겠습니다.

축복의 인사 ·· **인도자**

"하나님의 사랑하심을 받고 성도로 부르심을 받은 모든 이에게 하나님 우리 아버지와 주 예수 그리스도로부터 은혜와 평강이 있기를 원하노라" (고전 1:3)

신앙고백 ·· **다같이**

사도신경으로 우리의 신앙을 고백하겠습니다.

찬송 ·· **다같이**

(찬송가 588장 "공중 나는 새를 보라"나 587~594장 중 하나를 부른다)

대표기도 ·· **맡은 이**

첫째 본문(구약) ·· **맡은 이**

(레 23:33~44)

시편찬송 ·· **다같이**

(시편 103~104, 107편으로 지은 시편찬송가 중 하나를 부른다)

둘째 본문(신약) ···	맡은 이
(마 9:36~38)	

찬송 ··	맡은 이
(찬송가 587~594장 중 하나를 부른다)	

셋째 본문(복음서) ··	맡은 이
(마 6:26~34, 혹은 눅 12:22~34)	

찬양 ··	찬양대

성경봉독과 설교 ···	목사

찬송 ··	다같이
(찬송가 587~594장 중 하나를 부른다)	

헌금(봉헌) ··	다같이

주기도문 ··	다같이
(찬송가 635장 "하늘에 계신"(주기도문)을 부를 수 있다)	

축도(강복선언) ···	목사

교제(교회소식) ···	다같이
(교회 형편에 따라 축도 이전에 시행할 수 있다)	

6. 송구영신 예배

1. 예배 초청
2. 축복의 인사
3. 신앙고백(사도신경)
4. 찬송
5. 대표기도
6. 첫째 본문(구약)
7. 시편찬송
8. 둘째 본문(신약)
9. 찬송
10. 셋째 본문(복음서)
11. 찬양
12. 성경봉독과 설교
13. 찬송
14. 헌금(봉헌)
15. 주기도문
16. 축도(강복선언)
17. 교제(교회소식)

송구영신 예배

예배 초청 ··· **인도자**

송구영신 예배에 참석하신 모든 분을 환영합니다. 지난 한 해 동안 우리를 인도하시고, 새해를 주시는 하나님의 은혜에 감사하며 예배하겠습니다.

축복의 인사 ·· **인도자**

"하나님의 사랑하심을 받고 성도로 부르심을 받은 모든 이에게 하나님 우리 아버지와 주 예수 그리스도로부터 은혜와 평강이 있기를 원하노라" (고전 1:3)

신앙고백 ··· **다같이**

사도신경으로 우리의 신앙을 고백하겠습니다.

찬송 ··· **다같이**

(찬송가 391장 "오 놀라운 구세주"나 550~554장 중 하나를 부른다)

대표기도 ··· **맡은 이**

첫째 본문(구약) ··· **맡은 이**

(사 11:6~9 혹은 43:14~23 혹은 48:1~11)

시편찬송 ··· **다같이**

(시편 8, 19, 104편으로 지은 시편찬송가 중 하나를 부른다)

둘째 본문(신약) ··· **맡은 이**

(계 21:1~8)

찬송 ··· **맡은 이**

(찬송가 106~129장 중 하나를 부른다)

셋째 본문(복음서) ·· **맡은 이**

(마 24:32~51 혹은 25:1~13)

찬양 ··· **찬양대**

성경봉독과 설교 ·· **목사**

찬송 ··· **다같이**

(찬송가 550~554장 중 하나를 부른다)

헌금(봉헌) ·· **다같이**

주기도문 ·· **다같이**

(찬송가 635장 "하늘에 계신"(주기도문)을 부르거나 외울 수 있다)

축도(강복선언) ··· **목사**

교제(교회소식) ··· **다같이**

(교회 형편에 따라 축도 이전에 시행할 수 있다)

Ⅲ. 금식일 예배

1. 예배 초청
2. 신앙고백(사도신경)
3. 찬송
4. 대표기도
5. 성경봉독과 설교
6. 첫 번째 기도
7. 두 번째 기도
8. 세 번째 기도
9. 찬송
10. 헌금(봉헌)
11. 축도(강복선언)

금식일 예배

예배 초청 ·· **인도자**

오늘은 우리 교회(노회, 총회)가 ○○○로 인해 금식일을 선포하고 함께 모여 기도회를 합니다. 우리의 죄를 회개하면서 주님께서 긍휼을 베풀어 주시기를 구합시다.

신앙고백 ·· **다같이**

사도신경으로 우리의 신앙을 고백하겠습니다.

찬송 ·· **맡은 이**

(찬송가 337장 "내 모든 시험 무거운 짐을"이나 336~345장 중 하나를 부른다)

대표기도 ·· **맡은 이**

성경봉독과 설교 ·· **목사**

첫 번째 기도 ·· **맡은 이**

(금식일을 정한 이유에 맞는 성경본문을 읽고, 회개와 통회의 기도를 한다)

두 번째 기도 ·· **맡은 이**

(회복과 치유를 위한 간구의 기도를 한다)

세 번째 기도 ·· **맡은 이**

(감사와 찬양을 위한 기도를 한다)

찬송 ··· **다같이**
(찬송가 370~403장 중 하나를 부른다)

헌금(봉헌) ··· **다같이**
(세계나 국가의 재난당한 이들을 위해 헌금하고 전달할 수 있다)

축도(강복선언) ··· **목사**

Ⅳ. 기도회

기도회의 정의
주일 공예배와 그 외의 예배를 제외한 모든 모임을 원칙적으로 기도회라 한다(예배, 제33조).

기도의 의무
교회에서 회집하는 기도회에 참석하는 것과 개인이 은밀히 기도하는 것과 가족이 함께 모여 하나님께 경배하고 기도하는 것은 그리스도의 명령을 따르는 성도의 당연한 의무다. 특히 개인의 은밀한 기도는 그리스도께서 분명히 명령하신 것으로, 사람마다 시간을 정하여 기도하며, 성경을 읽고 묵상하며, 엄숙히 자신을 살피며, 진실한 마음으로 행해야 한다(예배, 제34조).

기도회의 종류

1) 가정기도회
가족이 함께 모여 기도회를 하는 것은 가정의 신앙과 화평에 유익할 뿐만 아니라 자녀의 신앙교육에도 적합하다. 가정마다 특정한 시간에 성경을 함께 읽고, 제목에 따라 기도하며, 하나님을 찬송하는 기도회로 모이는 일에 힘써야 한다(예배, 제35조).

2) 기타 기도회
교회는 필요에 따라 여러 종류(금요, 구역, 철야, 심야 등)의 기도회를 하기 위해 회집할 수 있다(예배, 제35조).

기도회의 인도

기도할 목적으로 모이는 모든 집회는 당회의 지도를 따라야 하며, 각처에 흩어져 있는 성도들은 형편을 따라 특별한 장소에 모일 수도 있으나 교역자나 당회가 선정한 사람의 인도를 따라야 한다(예배, 제36조).

1. 수요 기도회

초청 ··· **인도자**
수요 기도회에 오신 여러분을 환영합니다. 주님의 도움을 간구하는 자리로
나아갑시다.

찬송 ··· **다같이**

기도 ··· **맡은 이**

성경봉독 ·· **설교자**

설교 ··· **설교자**

합심기도 ·· **다같이**
(설교에 기초한 기도 제목과 세계와 나라와 민족, 교회와 가정 등을 위해 기도한다)

찬송 ··· **다같이**

주기도문 ·· **다같이**

2. 새벽 기도회

초청 ··· **인도자**
이른 새벽 주님 앞으로 나온 여러분을 환영합니다. 새날을 맞이하면서 함께 기도의 시간을 가지겠습니다.

신앙고백 ·· **다같이**
(사도신경으로 신앙을 고백한다)

찬송 ··· **다같이**

기도 ··· **설교자**

성경봉독 ·· **설교자**

설교 ··· **설교자**

주기도문 ·· **다같이**
(주기도문으로 마친 후, 각자 기도 시간을 가진다)

3. 구역 기도회

신앙고백 ·· **다같이**
　　　　　　　(사도신경으로 신앙을 고백한다)

찬송 ·· **다같이**

기도 ·· **맡은 이**

성경봉독 및 권면 ·· **맡은 이**

합심기도 ·· **다같이**
　　　　　　(교회와 구역 식구들을 위해 함께 기도한다)

헌금(봉헌) ·· **다같이**
　　　　　　　　(교회가 정한대로 한다)

찬송 ·· **다같이**

주기도문 ·· **다같이**

4. 가정 기도회

신앙고백 ··· **다같이**
  (사도신경으로 신앙을 고백한다)

찬송 ·· **다같이**

기도 ·· **맡은 이**

성경봉독 및 권면 ·· **맡은 이**
  (성경이나 교리문답을 읽고 권면한다)

기도 ·· **맡은 이**
  (하나님 나라와 교회, 국가와 가족을 위해 기도한다)

찬송 ·· **다같이**

주기도문 ··· **다같이**

예전예식서

대한예수교장로회 고신총회
THE KOSIN PRESBYTERIAN CHURCH IN KOREA

제2장

성례와 신앙고백

제2장

성례와 신앙고백

성례

성례의 종류와 의미

기독교의 성례는 성경의 가르침을 따라 세례와 성찬뿐이다. 성례는 그리스도께서 친히 자신의 교회에 제정하신 거룩한 규례인데, 은혜언약 안에 있는 성도에게 그리스도의 구속의 은혜를 확인하고 견고하게 하기 위한 것이다. 이것은 또한 그들의 믿음과 다른 모든 은혜들을 강화하며 증진하고, 그들로 하여금 순종하게 하고, 그들 상호 간의 사랑과 교제를 증거하고 귀히 간직하게 하며, 그들을 은혜언약 밖에 있는 이들과 구별하게 한다(예배, 제24조).

구원의 효력 있는 방편인 성례

> 성례는 그 자체나 그것을 시행하는 사람의 덕이 아니라, 오직 성례를 제정하신 그리스도의 축복하심과 또 믿음으로 성례를 받는 자 속에 역사하시는 성령님으로 말미암아 구원의 효력 있는 방편이 된다.

성례 시행의 순서
성례는 원칙적으로 말씀선포(설교) 다음에 와야 한다. 성례는 말씀의 표와 인이다. 성례는 하나님의 약속을 확증하기 위해 주어졌다.

성례 시행의 장소
성례는 사적인 장소가 아니라 공적 예배에서 시행되어야 한다. 우리 총회는 예외 규정을 다음과 같이 두고 있다.

세례 받을 자가 중환자이거나 군대나 교도소 등에 있어서 공예배에 출석할 수 없는 특별한 경우에는 당회의 결의 또는 목사의 판단으로 세례를 베풀 수 있다(예배, 제25조).

성례의 인도
합법적으로 임직한 목사가 인도한다.

신앙고백

공적 신앙고백의 제도
모든 그리스도인은 예수 그리스도를 자신의 구주로 영접하고 교회의 다스림에 복종한다는 신앙고백을 하여야 하는데, 그 공적인 제도가 학습과 입교의 예식이다(예배, 제28조).

유아세례 교인은 입교를 통해 공적으로 신앙고백을 한 후 성찬에 참여한다. 부모와 당회는 이들이 입교하도록 이끌어야 한다.

1. 유아세례식

유아세례의 문답
유아세례 받기를 원하는 부모는 그 뜻을 목사에게 알리고 부모 중에서 1인 혹은 양친이 그 세례 받을 아이를 정한 시간에 당회 앞으로 데리고 와서 문답을 받아야 한다(예배, 제26조).

유아세례를 위한 권면
목사는 유아세례를 받기 원하는 부모에게 하나님의 말씀으로 자녀를 교육하며 성경의 원리를 따라 양육하고 부모가 친히 신앙생활에 모범이 될 것을 권유하여야 한다(예배, 제26조).

교인의 신급별 문답 자격
유아세례문답 대상자는 3세(36개월) 까지이다. 단, 부모 중 1인이 무흠 세례교인(입교인)이어야 하며, 부모의 부존재 시 당회가 유아세례문답 대상자로 허락할 수 있다(정치, 제23조).

> 유아세례 교육과 집례는 가능한 일찍 하는 것이 좋다. 당회가 부모에게 문답을 시행하여 유아세례를 베푼다.

유아세례식

초청 ··· **집례자**
(집례자는 세례받을 유아와 그 부모를 호명하여 집례자와 회중 앞에 서게 한다)

제정의 말씀 및 교훈 ·· **집례자**
(집례자는 다음과 같은 제정의 말씀을 선포하고 세례에 대한 교훈을 설명한다)

"예수께서 나아와 말씀하여 이르시되 하늘과 땅의 모든 권세를 내게 주셨으니 그러므로 너희는 가서 모든 민족을 제자로 삼아 아버지와 아들과 성령의 이름으로 세례를 베풀고 내가 너희에게 분부한 모든 것을 가르쳐 지키게 하라 볼지어다 내가 세상 끝날까지 너희와 항상 함께 있으리라 하시니라"(마 28:18~20)

세례는 주 예수 그리스도의 명령입니다. 우리는 그리스도의 명령을 따라서 아버지와 아들과 성령의 이름으로 세례를 받습니다. 아버지의 이름으로 세례를 받을 때 아버지는 우리의 아버지가 되시며 우리를 자기 자녀로 삼으십니다. 아들의 이름으로 세례를 받을 때 아들은 자기 피로 우리 죄를 용서하십니다. 성령의 이름으로 세례를 받을 때 성령은 우리와 항상 함께 하십니다. 삼위 하나님은 이 모든 것을 약속하고 지키십니다.

하나님은 아브라함에게 "내가 내 언약을 나와 너와 네 대대 후손의 사이에 세워 영원한 언약을 삼고 너와 네 후손의 하나님이 되리라"(창 17:7)고 말씀하셨는데, 이는 지금 우리와 우리의 자녀에게도 하시는 말씀입니다. 새 언약 아래에서는 할례 대신에 세례가 왔기 때문에 아이들도 하나님 나라와 그의 언약의 상속자로서 세례를 받아야 합니다. 부모는 세례의 의미를 자녀에게 가르쳐야 합니다.

서약 ··· **부모**

문(1): 여러분은 이 아이가 예수 그리스도의 보혈로 죄 씻음을 받아야 하고 성령의 은혜로 새롭게 되어야 한다는 사실을 인정합니까?

답: **예, 인정합니다.**

문(2): 여러분은 이 아이에 대한 하나님의 언약을 확신하고, 여러분 자신이 믿음으로 구원을 얻은 것과 마찬가지로 이 아이도 주 예수 그리스도의 속죄를 믿음으로 구원을 얻을 수 있다는 사실을 인정하면서, 신앙적인 양육에 힘쓸 것을 서약합니까?

답: **예, 서약합니다.**

문(3): 여러분은 지금 이 아이를 온전히 하나님께 바치고, 겸손한 마음으로 하나님의 은혜를 의지하며 친히 경건의 본을 아이에게 보여주고, 그를 위하여 기도할 뿐만 아니라 그와 함께 기도하고, 거룩한 진리의 도를 가르치고 주의 교훈으로 양육하는 일에 최선을 다하기로 서약합니까?

답: **예, 서약합니다.**

권면 ··· **집례자**

오늘 ○○○이/가 언약의 자녀로 인침을 받았습니다.

○○○은/는 한 가정의 자녀일 뿐만 아니라 우리 교회의 자녀입니다. 우리 모두가 하나님의 말씀과 경건한 행위로 본을 보이며, ○○○이/가 그리스도를 알고 따르며, 교회의 신실한 지체로 자라갈 수 있도록 사랑과 기도로써 인도하기 바랍니다.

세례 ··· 집례자

(집례자는 아이의 머리에 성인 세례와 같은 방법으로 한 번 혹은 세 번 물 뿌림을 통해 세례를 베푼다. 세 번 뿌리는 경우 성부, 성자, 성령의 이름을 부를 때 한 번씩 각각 뿌린다)

"하나님의 언약의 자녀인 ○○○에게 내가 성부와 성자와 성령의 이름으로 세례를 주노라. 아멘."

(이때 회중도 다 함께 "아멘" 한다)

감사기도 ·· 집례자

전능하시고 자비로우신 하나님 아버지,
오늘 사랑하는 주의 자녀 ○○○이/가 유아세례 받게 하심을 감사합니다.

예수 그리스도의 피로 ○○○의 모든 죄를 용서해 주시고, 주의 성령을 통하여 그리스도와 연합되게 하시니 감사합니다. 이 사실을 세례를 통하여 인치고 확증하여 주시니 감사합니다.

이 아이를 주의 성령으로 다스려 주시고, 주 예수 그리스도 안에서 하나님을 경외하는 자녀로 자라게 하옵소서. 이 아이가 하나님 아버지의 선하고 자비하심을 경험하고 고백하게 하옵소서.

이 아이가 예수 그리스도께 순종하고, 죄와 마귀와 용감하게 싸워 승리하고, 오직 하나님만을 영원히 찬양하고 높이게 하옵소서.

예수 그리스도의 이름으로 기도드립니다. 아멘.

공포 ··· 집례자

"○○○는 대한예수교장로회 ○○교회의 유아세례 교인 된 것을 성부와 성자와 성령의 이름으로 공포하노라. 아멘."

2. 세례식

교인의 신급별 문답 자격

세례 및 입교문답 대상자는 14세 이상자로 한다. 세례문답 대상자는 학습인으로 6개월 이상 경과한 자로 하는 것을 원칙으로 한다(정치, 제23조).

> 당회는 원입교인이나 학습교인을 잘 살펴서 세례받도록 교육하고, 당회가 문답하여 세례로 이끌어야 한다.

세례식

초청 ··· **집례자**
   (집례자는 세례받을 이를 호명하여 집례자와 회중 앞에 서게 한다)

제정의 말씀 및 교훈 ·· **집례자**
   (집례자는 다음과 같은 제정의 말씀을 선포하고 세례의 의미를 설명한다)

"예수께서 나아와 말씀하여 이르시되 하늘과 땅의 모든 권세를 내게 주셨으니 그러므로 너희는 가서 모든 민족을 제자로 삼아 아버지와 아들과 성령의 이름으로 세례를 베풀고 내가 너희에게 분부한 모든 것을 가르쳐 지키게 하라 볼지어다 내가 세상 끝날까지 너희와 항상 함께 있으리라 하시니라"(마 28:18~20)

세례는 주 예수 그리스도의 명령입니다. 우리는 그리스도의 명령을 따라서 아버지와 아들과 성령의 이름으로 세례를 받습니다. 아버지의 이름으로 세례를 받을 때 아버지는 우리의 아버지가 되시며 우리를 자기 자녀로 삼으십니다. 아들의 이름으로 세례를 받을 때 아들은 자기 피로 우리 죄를 용서하십니다. 성령의 이름으로 세례를 받을 때 성령은 우리와 항상 함께 하십니다. 삼위 하나님은 이 모든 것을 약속하고 지키십니다.

서약 ··· **수세자**

(집례자는 세례받을 이가 오른손을 들고 서약하도록 한다)

문(1): 여러분은 자신이 하나님 앞에 죄인인 줄 알며 당연히 그의 진노를 받아야 할 사람이지만 하나님의 크신 자비에 의하여 구원을 얻는 길 외에 소망이 없는 자인 것을 인정합니까?

답: 예, 인정합니다.

문(2): 여러분은 주 예수 그리스도가 하나님의 아들이심과 죄인의 구주이심을 믿으며 복음에 말한 바와 같이 구원하실 이는 오직 예수 그리스도 한 분 뿐인 줄 알아 그를 영접하고 그에게만 의지하기로 서약합니까?

답: 예, 서약합니다.

문(3): 여러분은 지금 성령의 은혜만을 의지하고 그리스도를 따르는 자가 되어 모든 죄를 버리고 그의 가르침과 모범을 따라서 살기로 서약합니까?

답: 예, 서약합니다.

문(4): 여러분은 본 장로회 교리표준인 웨스트민스터 신앙고백, 대교리문답과 소교리문답이 구약과 신약 성경에서 교훈한 도리를 총괄한 것으로 알고 성실한 마음으로 계속해서 배우고 믿고 따를 것을 서약합니까?

답: 예, 서약합니다.

문(5): 여러분은 이제부터 교회의 관할과 치리에 복종하고 성결과 화평을 이루도록 노력하기로 서약합니까?

답: 예, 서약합니다.

세례 ··· 집례자

(집례자는 수세자의 머리에 한 번 혹은 세 번 물 뿌림을 통해 세례를 베푼다. 세 번 뿌리는 경우 성부, 성자, 성령의 이름을 부를 때 각각 한 번씩 뿌린다)

"주 예수를 믿는 ○○○씨에게 내가 성부와 성자와 성령의 이름으로 세례를 주노라. 아멘."

(이때 회중도 다 함께 "아멘" 한다)

감사기도 ·· 집례자

전능하시고 자비로우신 하나님 아버지,

오늘 사랑하는 주의 자녀 ○○○이/가 세례 받게 하심을 감사합니다. 예수 그리스도의 피로 ○○○의 모든 죄를 용서해 주시고, 주의 성령을 통하여 그리스도와 연합되게 하시니 감사합니다. 이 사실을 세례를 통하여 인치고 확증하여 주시니 감사합니다.

○○○ 성도를 주의 성령으로 다스려 주시고, 주 예수 그리스도 안에서 하나님을 경외하는 자녀로 자라게 하옵소서. ○○○ 성도가 하나님 아버지의 선하고 자비하심을 경험하고 고백하게 하옵소서.

○○○ 성도가 예수 그리스도께 순종하고, 죄와 마귀와 용감하게 싸워 승리하고, 오직 하나님만을 영원히 찬양하고 높이게 하옵소서.

예수 그리스도의 이름으로 기도드립니다. 아멘.

공포 ··· 집례자

"○○○씨는 대한예수교장로회 ○○교회의 세례교인 된 것을 성부와 성자와 성령의 이름으로 공포하노라. 아멘."

3. 학습식

교인의 신급별 문답 자격

학습문답 대상자는 원입인으로 6개월 이상 공예배에 참석하는 14세 이상자로 한다. 단, 특별한 경우에는 당회의 결의로 6개월이 미달해도 문답할 수 있다(정치, 제23조).

> 학습은 성례는 아니지만 성도가 신앙생활에 대한 선한 의향을 공적으로 고백하는 예식이므로 온 회중이 참여한 공예배에서 시행하는 것이 옳다. 목사는 학습을 받는 이에게 신앙생활에 정진할 것을 권면해야 한다. 교회는 체계적으로 복음을 가르쳐 세례를 받도록 양육해야 한다. 당회가 그를 심사하여 문답하고, 회중 앞에서 서약하게 하며, 공포함으로 학습인이 된다.

학습식

초청 ·· **집례자**

(집례자는 학습 받을 자를 호명하여 앞으로 나오게 해서 회중을 향해 서게 한다)

권면 ·· **집례자**

(집례자는 학습을 베푸는 의미를 다음과 같이 간략히 설명하고 권면한다)

"하나님이 세상을 이처럼 사랑하사 독생자를 주셨으니 이는 그를 믿는 자마다 멸망하지 않고 영생을 얻게 하려 하심이라"(요 3:16)

사랑하는 교우 여러분,

지금 교회 앞에 서신 분은 예수 그리스도께만 구원이 있음을 알고 믿고 따를 것을 결심하였습니다. 당회는 이분의 선한 의향을 확인하였고, 이제 교회 앞에서 엄숙한 서약을 통해 학습교인으로 세우려고 합니다. 교우들은 이 서약에 증인이 되어서, 이분이 믿음에 굳게 서기까지 기도와 선한 교제로써 돕기 바랍니다. 학습을 받는 분은 회중 앞에서 진실한 마음으로 서약하기 바랍니다.

서약 ··· **학습인**

(집례자는 학습받을 이가 오른손을 들고 서약하도록 한다)

문(1): 여러분은 모든 죄를 버리고 하나님만을 의지하기로 서약합니까?
답: 예, 서약합니다.

문(2): 여러분은 주 예수 그리스도를 자신의 구주로 영접하고 그를 신뢰하며 그분의 말씀에 순종하기로 서약합니까?
답: 예, 서약합니다.

문(3): 여러분은 성경말씀과 교회의 제반 규례를 열심히 학습하여 일정한 기간이 지난 다음에는 지체 없이 세례를 받기로 서약합니까?
답: 예, 서약합니다.

감사기도 ·· **집례자**

전능하시고 자비로우신 하나님 아버지,
오늘 사랑하는 주의 자녀 ○○○이/가 학습 받게 하심을 감사합니다.

오늘 서약을 하고 학습교인이 된 성도에게 복 주시고, 세례를 받기까지 주의 성령으로 다스려 주옵소서. 이 성도가 복음의 진리와 그리스도를 배워서 우리와 동일한 하나님의 은혜와 사랑을 고백하게 하옵소서. 예수 그리스도께 순종하고, 죄와 마귀와 용감하게 싸워 승리하고, 삼위 하나님을 영원히 찬양하고 높이게 하옵소서.

예수 그리스도의 이름으로 기도드립니다. 아멘

공포 ··· **집례자**
"○○○씨는 본 대한예수교장로회 ○○교회의 학습인이 된 것을 성부와 성자와 성령의 이름으로 공포하노라. 아멘."

4. 입교식

입교의 의미

교인에게서 출생하여 유아세례를 받은 자녀들은 교회의 권고와 치리 하에 있다. 교회와 부모는 이들에게 성경을 가르치고, 주기도문과 사도신경과 교리문답을 익히게 하며, 기도하는 것과 죄를 미워하는 것과 하나님을 경외하며 주 예수 그리스도를 사랑하고 순종하는 것을 마땅히 가르쳐야 한다. 이들이 성년이 된 다음에, 이들이 출생하면서부터 교회의 교인이 된 것을 알게 하고, 유아세례 시에 부모가 대신 고백했던 그리스도에 대한 신앙이 이제는 자신의 신앙임을 교회 앞에서 고백하고, 성찬에 참여할 수 있게 하는 것을 입교라고 한다(예배, 제30조).

입교의 고백

유아세례 받은 자는, 당회 문답에 합격하고 입교식을 통해 교회 앞에서 자신의 신앙고백과 서약을 한 후에 목사의 공포를 통해 세례교인으로 확정되며, 성찬식에 참여할 수 있게 된다(예배, 제30조).

> 부모와 교회는 유아세례 받은 이가 공적 신앙고백인 입교식을 하도록 성경과 교리문답을 잘 가르쳐야 한다. 그로 하여금 그리스도를 믿고 사람 앞에서 증거하여 성찬에 참여하도록 해야 한다. 입교문답 대상자는 14세 이상으로 한다.

입교식

초청 .... **집례자**

(집례자는 입교할 자를 호명하여 앞으로 나오게 해서 회중을 향해 서게 한다)

권면 .... **집례자**

(집례자는 입교의 의미를 다음과 같이 간략히 설명하고 권면한다)

"네가 만일 네 입으로 예수를 주로 시인하며 또 하나님께서 그를 죽은 자 가운데서 살리신 것을 네 마음에 믿으면 구원을 받으리라 사람이 마음으로 믿어 의에 이르고 입으로 시인하여 구원에 이르느니라"(롬 10:9~10)

사랑하는 형제자매 여러분,

여러분은 유아 세례를 받고 교회 안에서 믿음으로 양육 받았고, 이제 성인이 되어 자기 입으로 신앙을 고백하여 성찬에 참여하는 권리를 얻기 위해 하나님과 하나님의 거룩한 교회 앞에 서 있습니다. 다음 질문에 진실한 마음으로 서약해 주기 바랍니다.

서약 .... **입교인**

(집례자는 입교받을 이가 오른손을 들고 서약하도록 한다)

문(1): 여러분은 어렸을 때 부모의 신앙고백과 서약으로 세례를 받았는데 이제는 그 고백과 서약을 여러분 자신의 것으로 삼고 성실히 지키기로 서약합니까?

답: 예, 서약합니다.

문(2): 여러분은 자신이 하나님 앞에 죄인인 것과, 당연히 하나님의 진노를 받아야 하지만 하나님의 큰 자비에 의하여 구원 얻는 길 외에는 소망이 없는 자인 것을 인정합니까?

답: 예, 인정합니다.

문(3): 여러분은 주 예수 그리스도께서 하나님의 아들이신 것과 죄인의 구주이신 것을 믿으며, 복음에 말한 바와 같이 구원하실 이는 오직 예수 그리스도 한 분 뿐인 줄 알아 주님으로 영접하고 주님만을 의지하기로 서약합니까?

답: 예, 서약합니다.

문(4): 여러분은 지금 성령의 은혜만을 의지하고 그리스도를 따르는 자가 되어 모든 죄를 버리고 그의 가르침과 모범을 따라서 살기로 서약합니까?

답: 예, 서약합니다.

문(5): 여러분은 이제부터 교회의 관할과 치리에 복종하고 성결과 화평을 이루기 위해 노력하기로 서약합니까?

답: 예, 서약합니다.

고백문 낭독 ··· **입교인**
(자신의 신앙을 글로 작성하여 낭독하게 할 수 있다. 자신의 말로 삼위 하나님을 분명하게 고백하는 것이 부모와 회중에게 큰 은혜와 유익을 줄 수 있다)

감사기도 ··· **집례자**
(입교인의 머리에 손을 얹고 기도할 수도 있다)

전능하시고 자비로우신 하나님 아버지,
오늘 사랑하는 주의 자녀 ○○○이/가 입교하게 하심을 감사합니다.

유아 세례를 받고 교회 안에서 믿음으로 양육받아 자기의 입으로 신앙을 고백하게 하셔서 우리와 함께 성찬에 참여하게 하시니 감사합니다.

○○○ 성도를 주의 성령으로 다스려 주시고, 예수 그리스도께 순종하고, 죄와 마귀와 용감하게 싸워 승리하고, 오직 하나님만을 영원히 찬양하고 높이게 하옵소서.

예수 그리스도의 이름으로 기도드립니다. 아멘.

공포 ··· **집례자**
"○○○씨는 대한예수교장로회 ○○교회의 입교교인이 된 것을 성부와 성자와 성령의 이름으로 공포하노라. 아멘."

5. 성찬식

성찬식

성찬은 예수 그리스도께서 명하신 바를 따라 떡과 포도주를 주고받음으로써 그분의 죽으심을 보여주는 신약의 성례이다. 성찬에 합당하게 참여하는 자들은 주님의 몸과 피를 먹고 마심으로 영적 양식을 공급받고 은혜 가운데 성장하며, 그들이 주님과 갖는 연합과 교제를 확신하고, 하나님을 향한 감사와 헌신뿐만 아니라 신비한 몸의 지체들로서 서로 나누는 사랑과 교제를 증거하고 새롭게 한다(예배, 제27조).

성찬식의 횟수와 예고

> 성찬의 횟수는 당회가 정하되 가능한 한 자주 시행한다. 적어도 한 주일 전에 교회에 공식적으로 광고하고, 참여자는 합당한 자세로 성찬을 준비한다.

성찬식 참여자의 자격

성찬예식에 참여할 자는 세례교인이어야 한다. 치리회에서 수찬정지의 시벌하에 있는 자는 참여할 수 없고, 타 교회 교인의 경우 해 당회가 그 신앙 여부를 확인한 후 참여할 수 있다(예배, 제27조).

1) 성찬식 (긴 예식)

(설교와 기도를 끝낸 후 다음과 같이 권면의 말씀을 한다)

성찬 전 권면 ··· **집례자**

(집례자는 첫째, 성찬의 목적, 유익, 소망을 말한다. 둘째, 성찬에 참여할 때 자기를 살펴야 할 것을 말한다. 셋째, 합당하지 않게 성찬에 참여할 때 자신에 대한 주님의 심판을 먹고 마시는 것임을 일깨운다. 넷째, 무거운 죄의식으로 인하여 고통받고 있는 자들, 하나님의 은혜로 믿음의 진보를 열망하는 자들에게는 십자가의 은혜를 바라보게 하며 주님의 상으로 초청하고 격려한다)

성찬은 그리스도께서 배신당하시던 밤에 우리가 주님의 자녀임을 확실히 믿게 하려고 제정하셨습니다.

성찬의 유익은 확실합니다. 주님의 떡을 떼고 잔을 붓는 것을 우리 눈으로 볼 때, 그리스도의 몸이 나를 위해 십자가에서 찢기셨고, 그리스도의 피가 나를 위해 쏟아졌음을 분명히 압니다. 떡과 잔을 받아 입으로 먹고 마실 때, 주님은 우리의 영혼을 살찌우시고, 유쾌하게 하심을 확신합니다.

그리스도께서는 다시 오실 때까지 성찬을 행하라고 명령하셨습니다. 우리는 한 몸의 지체로서 한 떡과 한 잔에 참여함으로 사랑 안에서 연합합니다. 또한, 하나님 나라에서 새 포도주를 함께 마실 혼인 잔치를 믿음으로 소망합니다.

이 성찬상에 참여할 때, 먼저 자기 자신을 살펴야 합니다. 각각 자기의 죄를 깊이 생각하고 하나님 앞에서 자신을 낮추어야 합니다. 오직 그리스도께서 나의 모든 죄를 용서하시고, 완전한 의를 선물로 주신다는 것을 믿는지 돌아보아야 합니다.

자기를 살피지 않고 죄 가운데 있는 이들은 성찬에 참여할 수 없습니다. 십계명을 무시하고 회개하지 아니하고 죄 가운데 계속 머물러 있다면

이 성찬에 참여할 수 없습니다. 자기를 살피지 않고 성찬에 참여하는 것은 자기 죄를 먹고 마시는 것입니다.

그러나 죄가 하나도 없는 사람만이 주님의 식탁에 참여할 수 있다고 생각해서는 안 됩니다. 자신의 죄를 회개하고 생명과 의를 오직 그리스도에게서 찾고자 하는 이들은 성찬에 참여할 수 있습니다. 그리스도께서는 자기의 죄를 회개하고, 불신앙에 대항하여 싸우고, 하나님의 말씀을 따라 살기를 소원하는 성도를 분명히 받아주실 것입니다.

제정의 말씀 ··· **집례자**
(해당하는 복음서나, 고전 11:23~27 등을 읽는다. 여기에 설명과 적용을 덧붙일 수 있다)

"또 떡을 가져 감사 기도하시고 떼어 그들에게 주시며 이르시되 이것은 너희를 위하여 주는 내 몸이라 너희가 이를 행하여 나를 기념하라 하시고 저녁 먹은 후에 잔도 그와 같이 하여 이르시되 이 잔은 내 피로 세우는 새 언약이니 곧 너희를 위하여 붓는 것이라"(눅 22:19~20)

혹은

"내가 너희에게 전한 것은 주께 받은 것이니 곧 주 예수께서 잡히시던 밤에 떡을 가지사 축사하시고 떼어 이르시되 이것은 너희를 위하는 내 몸이니 이것을 행하여 나를 기념하라 하시고 식후에 또한 그와 같이 잔을 가지시고 이르시되 이 잔은 내 피로 세운 새 언약이니 이것을 행하여 마실 때마다 나를 기념하라 하셨으니 너희가 이 떡을 먹으며 이 잔을 마실 때마다 주의 죽으심을 그가 오실 때까지 전하는 것이니라 그러므로 누구든지 주의 떡이나 잔을 합당하지 않게 먹고 마시는 자는 주의 몸과 피에 대하여 죄를 짓는 것이니라"(고전 11:23~27)

감사기도 ··· **집례자**
(떡과 포도주에 대한 감사와 축복 기도는 다음과 같은 취지로 한다)

주님, 우리의 허물을 진정으로 고백합니다.

하나님의 자비를 받을 만한 자격이 없는 우리에게 베풀어주신 은총에 감사드립니다. 예수님의 고난을 통해 우리에게 주신 속죄의 은혜와 하나님 아버지의 사랑에 감사합니다. 말씀을 통해 믿음을 주시고 이 성찬상으로 인도하신 성령님께 감사드립니다. 성찬의 은혜를 풍성히 누리게 하옵소서.

혹은

예수님 외에는 구원 얻을 만한 다른 이름이 없음을 고백합니다.

오직 그리스도이신 예수님으로 인해 우리가 자유와 생명을 얻고, 은혜의 보좌 앞에 나아갑니다. 우리가 주님의 성찬에서 함께 먹고 마실 뿐 아니라 성령님에 의해 행복과 영생을 확증할 수 있음을 고백합니다.

자비로운 아버지 하나님, 모든 위로의 아버지께서 우리에게 은혜를 내려 주시기를 진심으로 간구합니다. 이 떡과 포도주를 성별하여 온전히 거룩해지고, 우리를 위하여 십자가에 돌아가신 예수 그리스도의 몸과 피를 믿음으로 받게 하여 주옵소서. 이것을 먹고 마심으로 주님이 우리와, 우리가 주님과 하나 되기를 원합니다. 주님이 우리 안에, 우리가 주님 안에 거하게 하옵소서. 우리를 사랑하사 우리를 위해 자신을 내어 주신 주님을 위해 살게 하옵소서.

초청 ··· **집례자**
(그리스도께서 성찬으로 우리를 초청하신다. 회중석에 앉아 떡과 잔을 받거나, 성찬상에 나와 떡과 잔을 받는다)

성찬은 예수님이 십자가에서 몸을 찢고 피를 흘리심으로 이루신 은혜와 은덕에 참여하는 것입니다. 주님께서 우리를 성찬의 식탁으로 초청하십니다.

"볼지어다 내가 문 밖에 서서 두드리노니 누구든지 내 음성을 듣고 문을 열면 내가 그에게로 들어가 그와 더불어 먹고 그는 나와 더불어 먹으리라" (계 3:20)

육신의 입과 믿음의 입으로 그리스도의 몸과 피에 참여합시다.

분병 .... **집례자**
(성별된 떡을 들고 떼는 것을 회중에게 보여주며 다음과 같이 말한다)

예수님께서 행하신 대로 이 떡을 취하여 축사(축복과 감사)하고 떼어 여러분에게 나누어주고자 합니다.

"받아서 먹으라. 이것은 너희를 위하는 내 몸이니 이것을 행하여 나를 기념하라"

이 떡을 받아서 먹을 때, 예수님께서 당신의 몸을 주심으로 우리의 죄사함과 구원을 이루셨음을 확신하기를 바랍니다.

배병 .... **배병위원**
(목사-성찬위원-교인 순서로 하거나, 교인-성찬위원-목사 순서로 한다)

분잔 .... **집례자**
(집례자는 포도주를 잔에 붓고 잔을 높이 들어 회중에게 보여주며 아래와 같이 말한다)

예수님께서 행하신 대로 이 잔을 취하여 축사(축복과 감사)하고 여러분에게 나누고자 합니다.

"이 잔은 그리스도의 피로 세운 새 언약이니, 이는 죄 사함을 얻게 하려고 많은 사람을 위하여 흘리신 것이라. 너희가 이것을 다 마시라"

이 잔을 받아서 마실 때, 예수님께서 당신의 피를 주심으로 우리의 죄사함과 구원을 이루셨음을 확신하기를 바랍니다.

배잔 ··· 배잔위원
(목사-성찬위원-교인 순서로 하거나 교인-성찬위원-목사 순서로 한다)

성찬 후 권면 ·· 집례자
우리가 그리스도의 살과 피를 먹고 마셨으니, 성찬의 은혜에 합당하게 살아가기 바랍니다.

감사기도 ·· 집례자
하나님, 우리에게 그리스도의 살과 피를 먹고 마시게 해 주셔서 감사합니다. 이 성찬을 통하여 베풀어 주신 하나님의 풍성하신 자비와 말할 수 없는 선하심에 대하여 감사합니다. 하나님께서 베풀어 주신 구원의 크신 표와 인을 받은 사람들로서 성령님의 능력으로 살아가게 하옵소서. 은혜언약의 중보자이신 예수님 이름으로 기도합니다. 아멘!

2) 성찬식 (간단한 예식)

(설교와 기도를 끝낸 후 제정의 말씀으로 성찬을 시작한다)

제정의 말씀 ·· **집례자**

(해당하는 복음서나, 고전 11:23~27 등을 읽는다)

오늘 우리가 주께서 베푸시는 복된 식탁에 참여합니다. 주님의 말씀을 들으십시오.

"또 떡을 가져 감사기도 하시고 떼어 그들에게 주시며 이르시되 이것은 너희를 위하여 주는 내 몸이라 너희가 이를 행하여 나를 기념하라 하시고 저녁 먹은 후에 잔도 그와 같이 하여 이르시되 이 잔은 내 피로 세우는 새 언약이니 곧 너희를 위하여 붓는 것이라"(눅 22:19~20)

혹은

"내가 너희에게 전한 것은 주께 받은 것이니 곧 주 예수께서 잡히시던 밤에 떡을 가지사 축사하시고 떼어 이르시되 이것은 너희를 위하는 내 몸이니 이것을 행하여 나를 기념하라 하시고 식후에 또한 그와 같이 잔을 가지시고 이르시되 이 잔은 내 피로 세운 새 언약이니 이것을 행하여 마실 때마다 나를 기념하라 하셨으니 너희가 이 떡을 먹으며 이 잔을 마실 때마다 주의 죽으심을 그가 오실 때까지 전하는 것이니라 그러므로 누구든지 주의 떡이나 잔을 합당하지 않게 먹고 마시는 자는 주의 몸과 피에 대하여 죄를 짓는 것이니라"(고전 11:23~27)

감사기도 ·· **집례자**

(떡과 포도주에 대한 감사와 축복 기도는 다음과 같이 한다)

주님, 오늘 저희를 이 복된 식탁에 초대하시오니 우리를 위하여 십자가에 돌아가신 예수 그리스도의 몸과 피를 믿음으로 받게 하여 주옵소서. 예수님 이름으로 기도합니다. 아멘!

분병과 분잔 ·· **집례자**
(성별된 하나의 떡을 손에 들고 떼는 것을 회중에게 보여주며 아래와 같이 말한다)

사랑하는 성도 여러분, 우리가 떼는 이 떡은 그리스도의 몸에 참여하는 것입니다. 그리스도께서 살 찢어 주심으로 우리의 모든 허물과 죄를 담당해 주셨습니다. 감사함으로 떡을 받으십시오.

(집례자는 포도주를 하나의 잔에 붓는 행위를 보이며 그 잔을 높이 들어 회중에게 보여주며 아래와 같이 말한다)

사랑하는 성도 여러분, 우리가 참여하는 이 감사의 잔은 그리스도의 피에 참여하는 것입니다. 그리스도께서 십자가에서 피 흘려 주심으로 우리의 모든 허물과 죄를 담당해 주셨습니다. 감사함으로 이 잔을 받아 마시기 바랍니다.

배병과 배잔 ································· **집례자와 배병, 배잔위원**
우리가 떡과 잔을 받고 난 다음에 다 함께 먹고 마시겠습니다.

(집례자는 떡과 잔을 배병 배잔 위원을 통해 분배한다. 떡을 돌리고, 이어서 잔을 돌린다. 목사-성찬위원-교인 순으로 하거나 교인-성찬위원-목사 순서로 한다. 떡과 잔을 다 받은 후에 다함께 먹고 마신다)

성찬 후 권면과 기도 ·· **집례자**
(모든 사람이 성찬을 받으면 집례자는 교인의 마음에 새길 권면의 말을 하고 기도한다)

우리가 그리스도의 살과 피를 먹고 마셨습니다. 우리는 그리스도와 한 몸이 되었습니다. 그리스도께서 자신을 주셨으니, 우리도 자신을 내어주며 살기 바랍니다. 기도하겠습니다.

하나님, 우리에게 그리스도의 살과 피를 먹고 마시게 해 주셔서 감사합니다. 이 성찬을 통하여 베풀어 주신 하나님의 자비와 선하심에 감사합니다. 성령님의 능력으로 살아가게 하옵소서.

은혜언약의 중보자이신 예수님 이름으로 기도합니다. 아멘!

제3장

권징

제3장

권징

주 예수님께서 자기 교회의 임금이시요 머리로서 교회 직원들에게 천국의 열쇠를 맡기셨는데, 교회의 직원들이 이 열쇠로 천국을 열고 닫는 것이 권징이다(웨스트민스터 신앙고백서 제30장 1항, 마 16:19, 18:18).

교회의 권징은 과오를 범한 형제를 교정하여 다시 얻기 위함이며, 다른 이들이 같은 과오를 범하지 않도록 방지하며, 그리스도의 명예와 복음에 대한 거룩한 고백을 옹호하고, 하나님과 맺은 언약을 사악하고 완악한 범죄자들이 더럽히도록 교회가 방치할 때, 교회에 임할 하나님의 진노를 막기 위함이다(웨스트민스터 신앙고백서 제30장 3항, 고전 5:1~5, 딤전 1:20, 5:20, 고전 11:27~34, 유 23).

시벌과 해벌은 주일 공예배 순서 중 하나이다. 일반에 공개되지 아니한 경미한 범죄자에 대한 시벌은 은밀하게 하고 공포하지 않을 수 있으나 공개된 무거운 죄, 또는 출교와 같은 시벌은 반드시 공예배 시에 공포하여야 한다(목사의 경우에는 소속 노회가 시행한다)(예배, 제22조).

1. 시벌

교회의 시벌은 영적이요 도덕적이므로 국가의 시벌과는 다르며, 범죄자로 하여금 그 자신의 죄를 깨닫고 회개하여 신자 본연의 위치로 돌아가게 하는 것이다(예배, 제22조).

> 이러한 시벌은 사랑과 온유한 심령으로 자신을 살피며 시행해야 한다(갈 6:1~2). 시벌은 궁극적으로 하나님께 영광을 돌리기 위함이며(롬 2:24, 벧전 1:15~16) 시벌을 받는 당사자에게는 회개와 구원의 기회가 된다(마 18:15, 고전 5:5, 살후 3:14). 시벌은 교회가 주의 만찬을 보호하고, 성도들이 죄를 경계하여 교회의 거룩을 보존하는 데 그 목적이 있다(히 12:15).

시벌 선고 ··· **치리회장**

그리스도는 다음의 말씀을 통해 치리회에 권징의 시행을 위임하셨습니다.

"진실로 너희에게 이르노니 무엇이든지 너희가 땅에서 매면 하늘에서도 매일 것이요 무엇이든지 땅에서 풀면 하늘에서도 풀리리라"(마 18:18)

(수찬정지의 경우)

"지금 ○○○씨는 ○○○죄를 범하였으므로 당회(혹 노회, 총회)는 주 예수 그리스도의 이름과 그 직권으로 형제가 완전히 회개하여 만족할 만한 증거를 나타내기까지 ○○○○년 ○○월 ○○일부터 ○○○○년 ○○월 ○○일까지 수찬정지된 것을 선고하노라. 아멘."

(시무정지와 정직의 경우)

"본 교회(노회)의 ○○○장로(집사는 교회, 목사는 노회)는, ○○○죄를 범하였으므로 당회(혹 노회, 총회)는 주 예수 그리스도의 이름과 그 직권으로 형제가 완전히 회개하여 만족할 만한 증거를 나타내기까지 ○○○○년 ○○월 ○○일부터 ○○○○년 ○○월 ○○일까지 시무정지(정직)된 것을 선고하노라. 아멘."

면직 선고 ·· **치리회장**

(면직 시벌을 받았을 경우)

"본 교회(노회)의 장로(집사는 교회, 목사는 노회), ○○○씨는 ○○○죄를 범하였으므로 본 당회(노회)는 ○○○씨의 본 교회(노회)의 장로직(집사, 목사)을 파면하고 또 그 직분 행함을 금하노라. 아멘."

(면직이 수찬정지나 출교까지 겸했을 경우)

"본 당회(노회)는 주 예수 그리스도의 이름과 그 직권으로 ○○○씨가 진실한 회개의 만족한 증거를 나타내기까지 교회의 성찬참여와 출석을 금하노라. 아멘."

출교 선고 ·· **치리회장**

"지금 이 교회(노회)의 회원 ○○○씨는 ○○○죄를 범한 고로 여러 번 권면하고 기도하였으나 듣지 않고, 회개하는 증거를 나타내지 않으므로 주 예수 그리스도의 이름과 그의 직권으로 본 당회(노회)는 그로 성찬에 참여하지 못하게 하며 성도 중에 교제가 단절된 것을 선고하노라. 아멘."

권면 ·· **치리회장**

우리는 그가 회개하여 주께로 돌아오기를 원합니다. 그를 원수로 여겨서는 안 됩니다. 오히려 형제에게 하는 것처럼 대하고 권면하기를 바랍니다.

이러한 시벌을 통해 우리 역시 경고를 받습니다. 주를 더욱 경외하며 우리 자신을 면밀히 돌아봅시다. 서 있다고 생각하는 자는 넘어질까 조심해야 합니다.

영생을 얻기까지 계속해서 아버지와 아들과 교제하며 경건한 자들과 교제하십시오. 악과 싸우며 모든 무거운 것과 얽매이기 쉬운 죄를 벗어 버리고 인내로써 우리 앞에 당한 경주를 하며 믿음의 주요 또 온전하게 하시는 이인 예수를 바라봅시다.

시험에 들지 않도록 깨어 있으며 기도하십시오. 오늘이라 일컫는 동안에 주의 음성을 들을 때 마음을 완고하게 하지 않기를 바랍니다. 두려움과 떨림으로 여러분의 구원을 이루십시오.

기도 .... **치리회장**
(시벌을 선언한 목사는 범죄자가 빠른 시일 내에 회개하고 해벌을 받을 수 있도록 기도하고 그를 위로해야 한다)

(기타 시벌의 규례는 교회헌법 권징 제162~168조를 참고하라)

2. 해벌

시벌받은 자가 그 시벌의 기한을 경과하였거나 회개 진상이 만족하다고 판단될 때, 치리회는 그의 해벌을 결의하고 이를 교회 앞에서 다음과 같이 공포해야 한다. 교회는 어떠한 벌을 받은 자라도 그를 위하여 기도하고 위로해 줌으로써 속히 회개하고 돌아올 수 있도록 지도할 책임이 있다.

해벌 선고 ··· **치리회장**

"지금 본 치리회에서 시벌한 바 있었던 ○○○씨는 본인이 회개한 증거를 보였으므로(혹은 그 시벌 기간이 경과하였으므로) 본 치리회는 그의 해벌됨을 이에 공포하노라. 아멘."

(정직 또는 수찬정지를 당한 자의 경우)

"지금까지 정직(수찬정지)을 당한 ○○○씨는 이제 회개하는 증거를 나타내어 교회를 만족하게 한 고로 본 당회(노회)는 주 예수 그리스도의 이름과 그 직권으로 그대를 해벌하고 복직된 것(성찬에 참여하는 교인의 권리가 회복된 것)을 선고하노라. 아멘."

(면직과 출교를 당한 자의 경우)

교회(노회)앞에서 다음과 같이 문답을 먼저 하고 선고한다.

문(1): 그대가 하나님을 배반하여 거역한 죄와 교회를 해롭게 한 큰 죄를 기꺼이 자복하며, 면직한 것이 공평하게 행한 줄 압니까?

답: 예

문(2): 지금은 그대가 진실한 회개와 통회하는 마음으로 죄를 고백하며 겸손한 마음으로 하나님과 그의 교회의 용서를 구합니까?

답: 예

문(3): 하나님의 은혜를 힘입어 겸손한 마음과 근신 중에 살기를 결심하며, 힘써 우리 구주 예수 그리스도의 교훈을 빛나게 하며, 복음에 합당한 신앙생활을 하겠습니까?

답: 예

"지금 ○○○씨는 만족한 회개(의 증거)를 나타낸 고로 본 교회 당회(노회)는 전일(이전)에 선언한 면직을 해벌하며 복직된 것을 선고하노라. 아멘."

감사기도 ·· **치리회장**
(기타 해벌의 규례 및 해벌 후의 처리는 교회헌법 권징 제169~171조를 참고하라)

예전예식서

대한예수교장로회 고신총회
THE KOSIN PRESBYTERIAN CHURCH IN KOREA

제4장

직원 임직 및 은퇴

제4장

직원 임직 및 은퇴

임직

주님은 교회에 항상 있어야 할 직무(설교, 성례, 권징)를 위해 직원을 주셨다. 항존 직원은 목사와 장로와 집사다(권사는 준 항존 직원).

교회 직원은 교회를 통해 소명이 확인되어야 한다. 합당한 소명을 받지 않고서는 누구도 직분을 수행할 수 없다.

직원의 소명은 다음 단계를 통해 확인한다.

첫째, 교인의 선출 혹은 청빙.
둘째, 고시의 합격.
셋째, 서약과 안수.

첫째와 둘째 과정을 거친 후보자는 서약과 안수를 통해 임직한다. 임직자는 하나님 앞에서 엄숙하게 서약해야 한다. 안수는 하나님의 부르심을 공적으로 확증하는 행위이기에 미신적으로 행하면 안 된다.

직원(목사, 장로, 집사, 권사)의 임직은 주일 공예배 중이나 평일에 시행할 수 있다(제69회 총회, 2019년). "합법적 서약은 종교적 예배의 한 부분"이기에(웨스트민스터 신앙고백, 제22장), 임직식을 주일에 시행하도록 권장한다.

은퇴

은퇴는 교회 직원이 정한 규례를 따라 직무를 마치는 것이다. 교회는 적당한 때를 정하여 은퇴식을 한다.

1. 목사 임직식

목사 임직과 위임의 차이

> 목사 임직은 노회가 강도사를 목사로 세우는 것이고, 목사 위임은 노회가 주관하여 개체교회의 청빙을 받은 목사에게 그 개체교회를 위임하는 것이다.

집례: 노회장

예배 초청 ………………………………………………… **집례자**

축복의 인사 ……………………………………………… **집례자**

신앙고백 ………………………………………………… **다같이**

찬송 ……………………………………………………… **다같이**

(찬송가 208장 "내 주의 나라와", 210장 "시온 성과 같은 교회", 600장 "교회의 참된 터는" 중 하나를 부른다)

기도 ……………………………………………………… **맡은 이**

성경봉독 ………………………………………………… **맡은 이**

(적절한 성경에는 눅 10:17~20, 고후 4:1~7, 5:18~20, 엡 4:11~12, 딤전 4:14~16, 6:12~16, 4:1~6, 벧전 5:1~4 등이 있다)

찬양 ……………………………………………………… **찬양대**

설교 ……………………………………………………… **목사**

서약 ……………………………………………………… **노회장**

(임직 받는 이는 일어나 오른손을 들고 서약한다)

문(1): 구약과 신약은 하나님의 말씀이며, 신앙과 행위에 대하여 정확무오한 유일의 법칙으로 믿습니까?

답: 예, 믿습니다.

문(2): 본 장로회 교리표준인 웨스트민스터 신앙고백, 대교리문답과 소교리문답은 구약과 신약성경에서 교훈한 도리를 총괄한 것으로 알고 성실한 마음으로 믿고 따릅니까?

답: 예, 믿고 따르겠습니다.

문(3): 본 장로회 관리표준인 예배, 정치, 권징을 정당한 것으로 승낙합니까?

답: 예, 승낙합니다.

문(4): 주 안에서 동역자 된 형제들에게 순종하기로 서약합니까?

답: 예, 서약합니다.

문(5): 목사의 성직을 구한 것이 하나님을 사랑하는 마음과 그 독생자 예수 그리스도의 복음을 전파하여 하나님의 영광을 나타내기를 진심으로 서약합니까?

답: 예, 서약합니다.

문(6): 어떤 핍박이나 반대를 당할지라도 인내하고 충심으로 복음의 진리를 보호하며, 교회의 성결과 화평을 힘써 도모하여 근실히 사역하기로 서약합니까?

답: 예, 서약합니다.

문(7): 신자이며 겸하여 목사가 될 것이므로 자기의 본분과 타인에 대한 의무와 직무에 대한 책임을 성실히 실행하여 복음을 영화롭게 하며, 하나님께서 그대에게 명하사 관리하게 하신 교회 앞에서 경건한 모범을 보이도록 서약합니까?

답: 예, 서약합니다.

(임직자는 무릎을 꿇고, 노회장은 임직자 앞에 선다. 노회의 다른 목사들도 임직자 주위에 모인다. 노회장은 사도들의 모범을 따라서 임직위원과 노회 대표자들의 안수와 함께 기도하여 엄숙하게 그를 복음사역의 거룩한 직분자로 세운다)

안수 ·· **임직위원**

(안수는 교회가 목사의 소명과 임직을 공적으로 확증하는 상징적인 행위이다)

기도 ·· **노회장**

(다음과 같은 취지로 기도한다)

자비로우신 하나님 아버지!
택하신 백성들을 불러 예수님의 보혈로 교회를 세워주시니 감사합니다.

여기 머리 숙인 이(들)가 성령으로 무장하여 주님이 부르신 직무에 충실하게 하옵소서. 주님의 말씀을 풍성히 깨닫도록 종의 마음을 밝혀주시고, 입을 열어 담대히 복음의 비밀을 전하게 하옵소서.

지혜를 주셔서 주님께서 부르신 양떼를 바른 길로 인도하며, 연약한 성도를 주님의 일꾼으로 세우는 능력의 종(들)으로 세워 주시옵소서.

섬김과 봉사로 교회를 보존하시고 부흥하게 하시고, 어떠한 시련과 어려움이 닥쳐도 성령님의 위로와 역사하심으로 견고하여 흔들리지 않게 하옵소서.

맡기신 모든 양떼에게 은혜를 주셔서 임직자를 주님이 보내신 참 목자로 받아들이게 하옵소서.

종(들)을 통해 주시는 교훈과 권면을 받으며, 기쁨으로 순종하게 하옵소서. 그래서 모든 성도가 그리스도 안에서 자라가게 하옵소서.

아버지 하나님,

오늘 머리 숙인 종(들)이 첫 목양의 마음이 마지막까지 변치 않게 하옵소서. 말씀과 기도에 전념하며, 설교와 기도로 교회를 천국으로 세워가게 하소서. 우리 기도에 풍성히 채워 주실 삼위 하나님을 찬양하며, 예수 그리스도의 이름으로 기도합니다. 아멘.

악수례 ······ 위원들
(안수 및 기도가 끝난 후, 노회장은 임직자에게 다음과 같이 말한다)

우리와 함께 거룩한 사역에 참여하게 되었으니 교제의 악수를 청합니다 (갈 2:9).

(임직된 목사는 일어나서 노회장과 먼저 악수하고 이어서 위원들과 순서대로 악수한다)

공포 ······ 노회장
"○○○씨는 대한예수교장로회 ○○○○노회 목사된 것을 내가 성부와 성자와 성령의 이름으로 공포하노라. 아멘."

권면 ······ 맡은 이
(노회장 또는 임직위원이 임직받은 목사에게 권면하고 회의록에 기록한다)

찬송 ······ 다같이
(찬송가 212장 "겸손히 주를 섬길 때", 213장 "나의 생명 드리니", 336장 "환난과 핍박 중에도", 595장 "나 맡은 본분은" 중 하나를 부른다)

축도(강복선언) ······ 맡은 이
(집례자나 노회의 은퇴목사 혹은 임직받은 목사가 할 수 있다)

2. 목사 위임식

목사 위임이란 노회가 주관하여 개체교회의 청빙을 받은 목사에게 그 개체교회를 위임하는 것이다. 위임의 주관은 노회이며 위임목사를 청빙하는 교회가 아니다. 교회의 머리요 목자이신 주 예수께서 노회를 통하여 청빙을 받은 목사에게 교회를 위임하여 목양하도록 하는 것이다. 위임목사는 교인과 목양적 관계에 들어간다.

노회는 행정의 편의를 위하여 위임을 시찰회에 일임하고, 시찰회가 위임국을 설치하여 위임식을 관장할 수 있다. 위임국장은 해당 노회 위임목사가 맡는다(정치, 제47조). 개체교회는 원만한 위임식을 위하여 노회(시찰회)와 협의할 수 있다.

(각 순서에 대한 구체적 안내는 본서 제1장 주일 공예배 부분을 참고하라)

제1부 예배

집례: 위임국장

예배 초청 .... **집례자**

축복의 인사 .... **집례자**

신앙고백 .... **다같이**

찬송 .... **다같이**
(찬송가 208장 "내 주의 나라와", 210장 "시온 성과 같은 교회", 600장 "교회의 참된 터는" 중 하나를 부른다)

대표기도 .... **맡은 이**

성경봉독 ·· **맡은 이**

(적절한 성경에는 눅 10:17~20, 고후 4:1~7, 5:18~20, 엡 4:11~12, 딤전 4:14~16, 6:12~16, 딤후 4:1~6, 벧전 5:1~4 등이 있다)

찬양 ·· **찬양대**

설교 ·· **목사**

서약 ·· **위임국장**

위임받는 목사에게(일어나 오른손을 들고 서약한다)

문(1): 청빙서를 받을 때에 원하던 대로 이 교회의 목사직을 담임하기로 서약합니까?

답: 예, 서약합니다.

문(2): 이 직분을 받는 것은 진실로 하나님께 영광을 돌리며, 교회를 유익하게 하고자 함이니 이를 본심으로 서약합니까?

답: 예, 서약합니다.

문(3): 하나님의 도와주시는 은혜를 받는 대로 이 교회에 대하여 충성으로 목사의 직무를 다하고, 범사에 근신 단정하여 그리스도의 복음 사역에 부합하도록 행하며, 목사로 임직하던 때에 승낙한 대로 행하기를 서약합니까?

답: 예, 서약합니다.

교인에게(일어나 오른손을 들고 서약한다)

문(1): ○○교회 교우 여러분은 목사로 청빙한 ○○○씨를 본 교회 위임목사로 받습니까?

답: 예, 위임목사로 받습니다.

문(2): 여러분은 겸손하고 사랑하는 마음으로 그의 교훈하는 진리를 받으며, 치리를 복종하기로 서약합니까?

답: 예, 서약합니다.

문(3): 목사가 수고할 때에 위로하며, 여러분을 가르치고 인도하며 신령한 덕을 세우기 위하여 진력할 때에 도와주기로 서약합니까?

답: 예, 서약합니다.

문(4): 여러분은 ○○○씨를 본 교회 목사로 재직 중에 한결같이 약속한 그 생활비를 어김없이 지급하며, 주의 도에 영광이 되고 목사에게 안위가 되도록 모든 요긴한 일에 도와주기로 서약합니까?

답: 예, 서약합니다.

기도 ··· **위임국장**

공포 ··· **위임국장**

"교회의 머리되신 주 예수 그리스도의 이름과 ○○○○노회의 권위로 ○○○씨가 본 교회 위임목사된 것을 성부와 성자와 성령의 이름으로 공포합니다. 하나님의 은총 베푸심과 그리스도의 은혜와 성령이 충만하기를 기원합니다. 아멘."

권면 ··· **맡은 이**

(위임위원이 위임목사와 교회에게 각각 권면한다)

찬송 ··· **다같이**

(찬송가 212장 "겸손히 주를 섬길 때", 213장 "나의 생명 드리니", 595장 "나 맡은 본분은" 중 하나를 부른다)

축도(강복선언) ··· **위임받은 목사**

제2부 축하

축사 ··· **맡은 이**

기념품 증정 ··· **맡은 이**

특별순서 ··· **맡은 이**
(당회의 지도로 축가, 영상 축하 메시지, 각 부서별 축하 메시지 등을 할 수 있다)

답사 ··· **위임받은 목사**

광고 ··· **맡은 이**

3. 담임목사(전임목사) 취임식

정치 제50조에 따라 위임목사 청빙은 조직교회에 국한되기에, 아직 당회가 구성되지 않은 미조직교회는 위임목사가 아니라 전임목사를 담임목사로 청빙해야 한다. 본 담임목사(전임목사) 취임식은 미조직교회를 위해 작성되었다. 따라서 본 예식은 조직교회임에도 전임목사를 담임목사로 청빙하는 근거로 오용되어서는 안 된다.

미조직교회에 담임목사로 청빙받은 전임목사는 새롭게 시무하는 교회와 목양적 관계를 맺는 행정 절차만 있고, 위임목사처럼 위임식과 같은 예식이 없다. 그러나 담임목사로 청빙받은 전임목사도 개체교회의 청빙으로 노회의 허락을 받아 시무하기에 간략한 취임식을 행함으로 공식적으로 교인과 목양적 관계에 들어가게 하는 것이 목사 본인과 회중 모두에게 다 유익하다.

담임목사(전임목사)의 취임식은 개체교회 당회가 주관하되 시찰회와 협의한다. 노회의 허락을 받고 1년의 시한을 둔 위임목사의 위임식과는 구별된다(정치, 제49조).

집례: 맡은 이

예배 초청 ·· **집례자**

축복의 인사 ·· **집례자**

신앙고백 ·· **다같이**

찬송 ·· **다같이**
(찬송가 208장 "내 주의 나라와", 210장 "시온 성과 같은 교회", 600장 "교회의 참된 터는" 중 하나를 부른다)

대표기도 ·· **맡은 이**

성경봉독 ··· **맡은 이**
(적절한 성경에는 눅 10:17~20, 고후 4:1~7, 5:18~20, 엡 4:11~12, 딤전 4:14~16, 6:12~16, 벧전 5:1~4 등이 있다)

찬양 ··· **찬양대**

설교 ··· **맡은 이**

기도 ··· **맡은 이**

권면 ··· **맡은 이**

찬송 ··· **다같이**
(찬송가 212장 "겸손히 주를 섬길 때", 213장 "나의 생명 드리니", 595장 "나 맡은 본문은" 중 하나를 부른다)

축도(강복선언) ·· **취임하는 목사**

4. 강도사 인허증 전달식

> 노회는 강도사 고시를 합격한 자에게 정기노회 시 적당한 순서를 정하여 총회장이 발행한 강도사 인허증을 전달한다.

집례: 노회장

찬송 ·· **다같이**

(찬송가 208장 "내 주의 나라와", 210장 "시온 성과 같은 교회", 600장 "교회의 참된 터는" 중 하나를 부른다)

서약 ·· **노회장**

(강도사는 총회가 정한 신학 훈련을 마치고, 강도사 고시에 합격하고, 총회로부터 강도(설교)권을 승인받은 사람이다. 서약자는 일어나 오른손을 들고 서약한다)

문(1): 구약과 신약 성경은 하나님의 말씀이요 신앙과 행위에 대하여 정확 무오한 유일의 법칙으로 믿습니까?

답: 예, 믿습니다.

문(2): 웨스트민스터 신앙고백 및 대교리문답과 소교리문답은 구약과 신약 성경의 교훈한 도리를 총괄한 것으로 알고 진솔한 마음으로 받아들일 것을 승낙합니까?

답: 예, 승낙합니다.

문(3): 주님의 몸 된 교회의 화평과 연합과 성결함을 위하여 헌신하기로 맹세하십니까?

답: 예, 맹세합니다.

문(4): 주 안에서 본 총회 산하의 노회와 당회의 치리를 복종하기로 맹세하십니까?

답: 예, 맹세합니다.

인허증 전달	노회장
권면	맡은 이
기도	맡은 이

5. 선교사 파송식

집례: 맡은 이

제1부 선교사 파송식

개식사 ··· **집례자**

찬송 ·· **다같이**
(찬송가 208장 "내 주의 나라와", 210장 "시온 성과 같은 교회", 600장 "교회의 참된 터는" 중 하나를 부른다)

기도 ·· **맡은 이**

성경봉독 ··· **맡은 이**
(적절한 성경에는 눅 10:17~20, 고후 4:1~7, 5:18~20, 엡 4:11~12, 딤전 4,14~14, 6:12~16, 딤후 4:1~6, 벧전 5:1~4 등이 있다)

설교 ·· **목사**

서약 ·· **파송 선교사 후보생**
(파송 선교사 후보생은 일어나 오른손을 들고 서약한다)

"본인은 총회 선교사로 파송을 받으면서 살아계신 하나님 앞과 모든 증인들 앞에서 다음과 같이 엄숙히 서약합니다."

1. 신구약 성경의 무오성을 믿으며, 장로회의 교리표준(신앙고백서 및 대소교리문답)과 관리표준(교회정치, 권징조례 및 예배지침)은 성경과 도덕적 양심을 따라 제정된 것으로 믿고 성실히 따르겠습니다.

2. 주 예수 그리스도의 복음 전파에 항상 힘쓰고 성경적 순수 신앙의 정통을 이어가며 개혁주의 교회를 건설하는 데 최선을 다하겠습니다.

3. 총회가 위임한 고신총회세계선교회의 정관 및 시행세칙을 온전히 준수하고 행정지도에 순종하고 협력하겠습니다.

4. 지역선교부의 지도와 모든 결의에 전적으로 순종하고 따르며, 지역선교부의 공동의 사역 목표에 맞게 사역하기를 약속합니다.

5. 동료 선교사간의 화평을 힘써 노력하겠으며, 만일 본인과 관련하여 화합을 해치는 어떠한 문제가 발생하였을 때는 본인 스스로 모든 책임을 지고 하나님 앞에서 자숙하겠습니다.

6. 본인은 위에 언급한 서약사항을 위배하거나 선교사로서 품위를 지키지 못하고 총회와 고신총회세계선교회, 지역선교부, 후원교회 및 동료 선교사들의 명예를 훼손함으로 인하여 받는 그 어떤 행정적인 불이익도 기꺼이 받아들이겠습니다.

7. 선교사역 중 본인과 가족에게 미치는 질병, 위험, 고난, 사고 및 죽음까지도 주의 영광과 복음전파를 위하여 기꺼이 받아들이며 이에 대한 책임을 어느 누구에게도 돌리지 않겠습니다.

임명장 수여 ·· 맡은 이

파송기도 ·· 맡은 이

자비로우신 하나님 아버지,

사람의 봉사를 통하여 타락한 인생 중에서 영생을 위하여 교회를 모으신 것을 감사드립니다. 특별히 오늘 주님의 은혜로 하나님의 교회에 선교사를 허락하시어 열방 가운데 복음이 전파되게 해주셨습니다.

주님, 성령으로 말미암아 주님이 부르신 선교사의 봉사가 온전할 수 있도록 하옵소서. 선교사님의 마음을 밝히시어 주의 복음이 순전하게 전파될 수

있도록 해주시고 이로 인하여 많은 사람이 주 예수 그리스도를 믿는 믿음을 가질 수 있도록 해주시기를 바랍니다.

사역하는 중에 박해와 어려움이 찾아올 때 잘 감당할 수 있도록 지혜와 오래 참음을 주시기를 바랍니다. 은혜를 주시어 주님의 말씀을 끝까지 견고하게 붙잡을 수 있도록 하시어 주의 종들과 함께 주님의 잔치에 들어가게 하옵소서.

주님, 이 사역을 후원하는 우리와 교회에 은혜를 주시어 이 사역을 믿음으로 바라보게 하시고 이 사역과 선교사님을 위하여 항상 기도하며 후원하게 하옵소서. 그래서 기쁨으로 세상 끝까지 복음이 전파되는 것을 보게 하옵소서.

선교사님의 사역을 통해 주님이 택하신 백성을 불러 모아 주시어 속히 주 예수 그리스도의 날이 오게 하시옵소서. 자비로운 하나님 아버지, 이 모든 간구를 주님의 사랑하는 아들 예수 그리스도의 이름으로 기도합니다. 아멘.

공포 ·· **집례자**

대한예수교 장로회 고신총회 선교사가 된 것을 성부와 성자와 성령의 이름으로 공포합니다.

하나님의 은총 베푸심과 그리스도의 은혜와 성령님이 충만하기를 기원합니다. 아멘.

찬송가 ·· **다같이**

축도(강복선언) ·· **맡은 이**

제2부 축하

특송 ··· 맡은 이

뱃지 분장 ·· 선임 선교사

선물 증정 ··· 맡은 이

격려사 ··· 맡은 이

축사 ·· 맡은 이

권면 ·· 맡은 이

선교사 인사 ··· 파송 선교사

파송의 노래 ············· 고신 선교가 ······················· 다같이

광고 ·· 맡은 이

사진 촬영 ··· 맡은 이

고신 선교가

6. 장로 집사 권사 임직식

(당회는 예정한 시일과 장소에서 당회장의 집례로 임직식을 거행한다. 장로와 집사는 안수하지만, 권사에게는 안수하지 않는다. 평일에 시행할 경우 예배를 드린 후 제2부로 축하식을 행할 수 있다. 축하식 순서는 당회가 교회의 형편에 따라 정한다)

제1부 예배

집례: 당회장

예배 초청 ·· **집례자**

축복의 인사 ·· **집례자**

신앙고백 ·· **다같이**

찬송 ··· **다같이**
(찬송가 208장 "내 주의 나라와", 210장 "시온 성과 같은 교회", 600장 "교회의 참된 터는" 중 하나를 부른다)

대표기도 ·· **맡은 이**

성경봉독 ·· **맡은 이**
(적절한 성경에는 눅 10:17~20, 고후 4:1~7, 5:18~20, 엡 4:11~12, 딤전 3:1~13, 6:12~16, 딤후 4:1~6, 벧전 5:1~4 등이 있다)

찬양 ··· **찬양대**

설교 ··· **목사**

서약 ··· **임직자와 교인**

임직자들에게(임직자들은 일어나 오른손을 들고 서약한다)

문(1): 구약과 신약성경은 하나님의 말씀이며, 신앙과 행위에 대하여 정확무오한 유일한 법칙으로 믿습니까?
답: 예, 믿습니다.

문(2): 본 장로회 교리표준인 웨스트민스터 신앙고백, 대교리문답과 소교리문답은 구약과 신약성경에서 교훈한 도리를 총괄한 것으로 알고 성실한 마음으로 믿고 따를 것을 서약합니까?
답: 예, 서약합니다.

문(3): 본 장로회 관리표준인 예배, 정치, 권징을 정당한 것으로 승낙합니까?
답: 예, 승낙합니다.

문(4): 본 교회 장로(집사, 권사)의 직분을 받고 하나님의 은혜를 의지하며 진실한 마음으로 본 직에 관한 범사를 힘써 행하기로 서약합니까?
답: 예, 서약합니다.

문(5): 교회의 화평과 연합과 성결을 위하여 진력하기로 서약합니까?
답: 예, 서약합니다.

교인에게(교인들은 일어나 오른손을 들고 서약한다)

○○교회 회원들이여 ○○○씨를 본 교회 장로(집사, 권사)로 받고 성경과 정치에 가르친 바를 따라서 주 안에서 존경하며 위로하고 복종(집사와 권사에게는 협조로)하기로 맹세합니까?
답: 예, 맹세합니다.

안수 ································· **임직위원 및 본 교회 당회원**
(임직자는 무릎을 꿇고 당회장과 당회원, 임직위원은 임직자 주위에 모여, 모든 임직자의 머리(필요시 어깨)에 안수하여 임직한다)

기도 ·· **당회장**

(당회장은 안수(취임) 시에 다음과 같은 취지로 기도한다)

하늘에 계신 하나님 아버지, 주님의 교회를 세우기 위해 장로(집사, 권사)를 주셔서 감사합니다.

주님, 여기 이 직분자들에게 성령의 충만을 주옵소서. 이들에게 필요한 은사를 항상 풍성히 허락하옵소서. 지혜와 담대함, 분별할 수 있는 능력과 자비를 주시어 각자가 직무를 잘 감당하게 하옵소서. 저들에게 은혜를 주시어 봉사할 때에 박해와 시련이 있을지라도 신실함으로 전진하게 하옵소서.

주여! 주님이 세우신 직분자들로 인해 교회가 복을 받게 하옵소서. 장로의 선한 권면에 순종하게 하시고, 집사와 권사의 봉사에 기쁨으로 협력하게 하옵소서. 우리가 서로 뜨겁게 사랑하게 하옵소서.

주님, 직분자들의 봉사를 통해 성도가 온전하게 되고 그리스도의 몸이 세워지게 하옵소서.

교회의 머리이신 예수 그리스도의 이름으로 기도합니다. 아멘.

악수례 ·· **위원들**

(안수 및 기도가 끝난 후, 당회장은 장로(집사)로 임직한 이들에게 다음과 같이 말한다)

우리와 함께 거룩한 사역에 참여하게 되었으니 교제의 악수를 청합니다 (갈 2:9).

(안수 및 기도가 끝난 후에 임직자는 일어나고 당회장이 먼저 악수를 청하고 이어서 임직위원, 당회원 순서대로 악수한다)

공포 ··· **당회장**

"○○○씨는 대한예수교장로회 ○○교회 장로(집사, 권사)된 것을 내가 성부와 성자와 성령의 이름으로 공포합니다. 하나님의 은총 베푸심과 그리스도의 은혜와 성령이 충만하기를 기원합니다. 아멘."

권면 ···················· **임직자와 교인에게** ·················· **맡은 이**

찬송 ··· **다같이**

(찬송가 212장 "겸손히 주를 섬길 때", 213장 "나의 생명 드리니", 595장 "나 맡은 본분은" 중 하나를 부른다)

축도(강복선언) ··· **목사**

제2부 축하

축사 ··· **맡은 이**

기념품 증정 ·· **맡은 이**

특별순서 ·· **맡은 이**

(당회의 지도로 축가, 영상 축하 메시지, 부서별로 축하 메시지 등을 할 수 있다)

답사 ··· **임직 받은 이**

광고 ··· **맡은 이**

7. 직원 은퇴 및 추대식

목사를 포함한 항존 직원(준 항존 직원인 권사를 포함)**은 만 70세 정년이 되거나 특수한 사정으로 퇴임하고자 할 때**(단, 60세 이상이 되어야 은퇴직을 부여받을 수 있다) **당회는 적당한 때를 정하여 은퇴식을 거행한다**(정치, 제32조).

> 목사는 노회 소속이므로 노회에서 은퇴식을 하는 것이 원칙이다. 개체교회에서 은퇴식을 하려면 노회의 허락과 은퇴 선언이 있은 후에 할 수 있다. 장로, 집사, 권사의 은퇴와 추대는 당회가 주관한다.
> 직원의 은퇴와 추대(원로)는 주일 공예배 중에 하는 것이 좋으나 평일에 할 수도 있다. 은퇴식과 추대식은 예배와 축하 순서를 분리하여 시행하는 것이 좋다.
> 은퇴와 추대를 동시에 시행할 경우, 은퇴를 먼저 선언하고, 이어 추대를 선언한다.

1) 목사 은퇴식

(원칙적으로 소속 노회 주관으로 이루어지나 개체교회에서 할 경우 이 예식에 준하여 할 수 있다. 소속 노회에서 할 경우 노회장이 적당한 순서를 정하여 시행한다. 은퇴목사의 자격은 노회에서 은퇴선언이 있은 후부터 주어진다(제37회 총회, 1987년))

제1부 예배

집례: 노회장

예배 초청 ·· **집례자**

축복의 인사 ·· **집례자**

신앙고백 ··· **다같이**

찬송 ··· **다같이**
(찬송가 301장 "지금까지 지내 온 것", 313장 "내 임금 예수 내 주여", 314장 "내 구주 예수를 더욱 사랑" 중 하나를 부른다)

기도 ··· **맡은 이**

성경봉독 ··· **맡은 이**

찬양 ··· **찬양대**

설교 ··· **목사**

약력소개 ··· **맡은 이**

은퇴 공포(선언) ·· **노회장**

(은퇴자는 일어선다)

"내가 교회의 머리되신 주 예수 그리스도의 이름과 ○○○○노회의 권위로 ○○○씨가 은퇴 목사된 것을 공포하노라. 아멘."

삼위 하나님의 위로와 평강이 남은 생애에 항상 함께 하기를 바랍니다.

찬송 ··· **다같이**

축도(강복선언) ··· **목사**

제2부 축하

축사 ·· **맡은 이**

기념품 증정 ·· **맡은 이**

특별순서 ··· **맡은 이**
(당회의 지도로 축가, 영상 축하 메시지, 부서별로 축하 메시지 등을 할 수 있다)

답사 ·· **은퇴자**
(은퇴자가 섬김의 여정을 돌아보며 간략하게 감사의 인사를 할 수 있다)

광고 ·· **맡은 이**

2) 장로 집사 권사 은퇴식

제1부 예배

집례: 당회장

예배 초청 ··· **집례자**

축복의 인사 ··· **집례자**

신앙고백 ··· **다같이**

찬송 ··· **다같이**
 (찬송가 301장 "지금까지 지내 온 것", 313장 "내 임금 예수 내 주여", 314장 "내 구주 예수를 더욱 사랑" 중 하나를 부른다)

대표기도 ··· **맡은 이**

성경봉독 ··· **맡은 이**

찬양 ··· **찬양대**

설교 ··· **목사**

찬송 ··· **다같이**

약력소개 ··· **맡은 이**

은퇴공포(선언) ··· **당회장**

(은퇴자는 일어선다)

"내가 교회의 머리되신 주 예수 그리스도의 이름과 ○○교회 당회의 권위로 ○○○장로(집사, 권사)가 본 교회에서 은퇴하게 되었음을 공포하노라. 아멘."

삼위 하나님의 위로와 평강이 남은 생애에 항상 함께 하기를 바랍니다.

찬송 ··· **다같이**

축도(강복선언) ··· **목사**

제2부 축하

축사 ··· **맡은 이**

기념품 증정 ··· **맡은 이**

특별순서 ··· **맡은 이**
(당회의 지도로 축가, 영상 축하 메시지, 부서별로 축하 메시지 등을 할 수 있다)

답사 ··· **은퇴자**
(은퇴자가 섬김의 여정을 돌아보며 간략하게 감사의 인사를 할 수 있다)

광고 ··· **맡은 이**

3) 추대식(원로 목사 및 원로 장로)

제1부 예배

집례: 당회장

예배 초청 ·· **집례자**

축복의 인사 ·· **집례자**

신앙고백 ··· **다같이**

찬송 ··· **다같이**
(찬송가 310장 "아 하나님의 은혜로", 384장 "나의 갈길 다가도록", 393장 "오 신실하신 주" 중 하나를 부른다)

기도 ·· **맡은 이**

성경봉독 ··· **맡은 이**

찬양 ·· **찬양대**

설교 ··· **목사**

약력소개 ··· **맡은 이**

추대사 ··· **당회 서기**

(원로 목사 추대사)

○○○목사님은 ○○○○년에 ○○교회에 부임하셔서 오늘에 이르기까지 ○○년을 하루같이 하나님의 뜻을 받들어 교회를 섬기시며 충성을 다 하셨습니다. 이제 때가 되어 시무를 사면하게 되셨으므로 ○○교회 성도 일동은 목사님의 헌신에 감사하며 ○○○목사님을 원로 목사로 추대하는 바입니다. 목사님의 가정에 하나님의 은혜가 항상 함께 하시기를 소망합니다.

(원로 장로 추대사)

○○○장로님은 ○○○○년에 ○○교회에 장로로 임직받은 후 오늘에 이르기까지 ○○년을 하루같이 주의 교회를 충성스럽게 섬겨 모든 성도의 모범이 되었습니다. 이제 때가 되어 은퇴하시게 되었으므로 ○○교회 성도 일동은 장로님의 충성과 모범에 감사하며 ○○○장로님을 원로 장로로 추대합니다. 장로님의 가정에 하나님의 은혜가 항상 함께 하시기를 소망합니다.

공포 ··· **당회장**

(추대받는 이는 일어선다)

"내가 교회의 머리되신 주 예수 그리스도의 이름과 ○○교회 당회의 권위로 ○○○목사(장로)는 본 교회의 원로 목사(장로)가 된 것을 공포하노라. 아멘."

삼위 하나님의 위로와 평강이 남은 생애에 항상 함께 하기를 바랍니다.

찬송 ··· **다같이**

축도(강복선언) ·· **목사**

제2부 축하

축사 ··· **맡은 이**

기념품 증정 ··· **맡은 이**

특별순서 ··· **맡은 이**
 (당회의 지도로 축가, 영상 축하 메시지, 부서별로 축하 메시지 등을 할 수 있다)

답사 ··· **추대받은 이**

광고 ··· **맡은 이**

4) 목사 은퇴 및 원로 목사 추대식

(은퇴와 원로 추대를 같이 할 경우이다)

제1부 목사 은퇴식

집례: 노회장

예배 초청 ·· **집례자**

축복의 인사 ·· **집례자**

신앙고백 ··· **다같이**

찬송 ·· **다같이**
(찬송가 301장 "지금까지 지내 온 것", 313장 "내 임금 예수 내 주여", 314장 "내 구주 예수를 더욱 사랑" 중 하나를 부른다)

기도 ·· **맡은 이**

성경봉독 ··· **맡은 이**

찬양 ·· **찬양대**

설교 ··· **목사**

약력소개 ··· **맡은 이**

은퇴 공포(선언) ·· **노회장**

(은퇴자는 일어선다)

"내가 교회의 머리되신 주 예수 그리스도의 이름과 ○○○○노회의 권위로 ○○○씨가 은퇴 목사된 것을 공포하노라. 아멘."

삼위 하나님의 위로와 평강이 남은 생애에 항상 함께 하기를 바랍니다.

제2부 원로 목사 추대식

집례: 당회장

찬송 ·· **다같이**

추대사 ·· **당회 서기**

○○○목사님은 ○○○○년에 ○○교회에 부임하셔서 오늘에 이르기까지 ○○년을 하루같이 하나님의 뜻을 받들어 교회를 섬기시며 충성을 다 하셨습니다. 이제 때가 되어 시무를 사면하게 되셨으므로 ○○교회 성도 일동은 목사님의 헌신에 감사하며 ○○○목사님을 원로 목사로 추대하는 바입니다. 목사님의 가정에 하나님의 은혜가 항상 함께 하시기를 소망합니다.

공포 ·· **당회장**

(추대 받는 이는 일어선다)

"내가 교회의 머리되신 주 예수 그리스도의 이름과 ○○교회 당회의 권위로 ○○○목사는 본 교회의 원로 목사가 된 것을 공포하노라. 아멘."

삼위 하나님의 위로와 평강이 남은 생애에 항상 함께 하기를 바랍니다.

축도(강복선언) ·· **목사**

제3부 축하

축사 ··· 맡은 이

기념품 증정 ·· 맡은 이

특별순서 ·· 맡은 이
(당회의 지도로 축가, 영상 축하 메시지, 부서별로 축하 메시지 등을 할 수 있다)

답사 ·· 은퇴 및 원로 목사

광고 ··· 맡은 이

5) 장로 은퇴 및 원로 장로 추대식

(은퇴와 원로 추대를 같이 할 경우이다)

제1부 장로 은퇴식

집례: 당회장

예배 초청 ··· **집례자**

축복의 인사 ··· **집례자**

신앙고백 ··· **다같이**

찬송 ··· **다같이**
(찬송가 301장 "지금까지 지내 온 것", 313장 "내 임금 예수 내 주여", 314장 "내 구주 예수를 더욱 사랑" 중 하나를 부른다)

기도 ·· **맡은 이**

성경봉독 ··· **맡은 이**

찬양 ··· **찬양대**

설교 ·· **목사**

약력소개 ··· **맡은 이**

은퇴 공포(선언) ··· **당회장**

(은퇴자는 일어선다)

"내가 교회의 머리되신 주 예수 그리스도의 이름과 ○○교회 당회의 권위로 ○○○씨가 은퇴 장로된 것을 공포하노라. 아멘."

삼위 하나님의 위로와 평강이 남은 생애에 항상 함께 하기를 바랍니다.

제2부 원로 장로 추대식

찬송 ··· **다같이**

추대사 ··· **당회 서기**

○○○장로님은 ○○○○년에 ○○교회에 장로로 임직받은 후 오늘에 이르기까지 ○○년을 하루같이 주의 교회를 충성스럽게 섬겨 모든 성도의 모범이 되었습니다. 이제 때가 되어 은퇴하시게 되었으므로 ○○교회 성도 일동은 장로님의 충성과 모범에 감사하며 ○○○장로님을 원로 장로로 추대합니다. 장로님의 가정에 하나님의 은혜가 항상 함께 하기를 소망합니다.

공포 ··· **당회장**

(추대받는 이는 일어선다)

"내가 교회의 머리되신 주 예수 그리스도의 이름과 ○○교회 당회의 권위로 ○○○장로는 본 교회의 원로 장로가 된 것을 공포하노라. 아멘."

삼위 하나님의 위로와 평강이 남은 생애에 항상 함께 하기를 바랍니다.

축도(강복선언) ·· **목사**

제3부 축하

축사 ·· 맡은 이

기념품 증정 ·· 맡은 이

특별순서 ·· 맡은 이
(당회의 지도로 축가, 영상 축하 메시지, 부서별로 축하 메시지 등을 할 수 있다)

답사 ·· 은퇴 및 원로장로

광고 ·· 맡은 이

예전예식서

대한예수교장로회 고신총회
THE KOSIN PRESBYTERIAN CHURCH IN KOREA

제5장

결혼

제5장

결혼

결혼에 대한 성경의 가르침

하나님은 사람을 남자와 여자로 창조하시고 서로 하나가 되게 하신 후 생육하고 번성하고 땅에 충만하라고 말씀하셨다. 결혼은 인류의 합법적인 번성과 교회의 성장을 위하여 하나님께서 세상을 창조하실 때 제정하신 거룩한 제도이다(웨스트민스터 신앙고백서 제24장, 창 1:27~28).

> 교회는 결혼을 귀중하고 거룩하게 여기고 성경의 가르침에 따라 결혼식을 엄숙하게 행해야 한다. 결혼식은 혼인서약을 통해 하나님께서 신랑과 신부를 한 몸으로 만드시는 거룩한 예식이다. 그리스도인의 결혼은 혼인서약, 하나님의 말씀을 통한 권면, 기도, 혼인의 공포, 축도(강복선언)를 통해 이루어지기 때문에 목사가 주례하는 것이 합당하다.
> 결혼은 당사자와 가족뿐 아니라 교회의 일이기도 하다. 결혼 당사자는 결혼 청원서를 제출하여 교회에 미리 알리고, 당회는 결혼 청원서를 제출한 당사자들을 관심을 가지고 살피고 교육하며, 교인은 결혼식의 증인으로 함께 참석하여 축하한다. 결혼 청원서와 함께 결혼식을 위한 준비 과정, 결혼을 위한 교육, 결혼식 광고 등의 구체적인 내용은 『결혼매뉴얼』(안재경 편집, 교회건설연구소, 2024)을 참고하라.

결혼식을 위해 준비하고 점검할 일

결혼 청원

결혼 당사자는 당회에 결혼을 청원해야 한다. 당회는 당사자들의 형편과 합법적인 결혼인지의 여부를 살핀다. 이때 부모 혹은 후견자의 동의를 얻는 것을 원칙으로 한다.

목사의 주례

목사가 주례할 수 있는 교인은 원칙상 세례교인이어야 한다. 특별한 경우에 학습 교인에게 주례할 수 있지만 매우 신중히 시행해야 한다. 불신자나 학습 교인이 아닌 사람에게는 주례할 수 없다.

결혼예비교육

결혼을 청원한 당사자들을 위해 결혼과 가정, 부부 관계와 가정에서 믿음 생활 등에 대해 결혼식 전에 결혼예비교육을 한다. 형편에 따라 교육 기간을 조정할 수 있지만 최소한 5회의 결혼예비교육을 권한다. 결혼예비교육에 대한 구체적인 내용은 『결혼매뉴얼』 54~80 페이지를 참고하라.

결혼식 예고

결혼식의 광고는 당회의 허락 후, 최소한 일주일 전에 공고한다. 불신 결혼이나 주일에 행하는 결혼식은 교회 앞에 광고할 수 없으며, 주보에 공지할 수 없다.
교회는 결혼한 사람의 성명과 날짜를 결혼명부에 자세히 기록해 두어야 한다.

1. 결혼식 순서

(결혼예식은 1부 예배와 2부 축하 순서로 구분한다)

제1부 예배

예식선언 ··· **주례자**

우리는 ○○○ 군과 ○○○ 양이 삼위 하나님의 이름으로 혼인 서약을 하는 자리에 증인으로 함께 모였습니다. 이제 주님의 이름으로 두 분의 혼인 예식을 시작하겠습니다.

신랑 입장 ··· **신랑**

신부 입장 ··· **신부**

찬송 ·· **다같이**

(찬송가 604장 "완전한 사랑", 605장 "오늘 모여 찬송함은"이나 601장~605장 중 하나를 부를 수 있다. 신랑과 신부가 원하는 찬송가를 불러도 좋다. 결혼식의 진정한 주례자이신 삼위 하나님을 기억하면서, 송영으로 찬송가 1장을 찬송할 수도 있다)

기도 ··· **맡은 이**

성경봉독 ··· **주례자**

설교 ··· **주례자**

결혼서약

(결혼서약은 다음의 두 가지 방식으로 할 수 있다)

1. 주례자가 아래의 결혼서약문으로 질문하고, 신랑과 신부가 대답하는 방식.

2. 신랑과 신부가 각각 직접 아래의 결혼서약문을 읽으며 서약하는 방식. 이 경우, 신랑과 신부는 혼인서약문의 "서약합니까?"를 "서약합니다"로 바꾸어 읽는다.

(신랑과 신부는 차례대로 오른손을 들고 서약하도록 한다)

방금 두 분은 결혼에 대한 하나님의 가르침을 분명히 들었습니다. 이제 들은 말씀에 대하여 엄숙한 서약을 통하여 두 분의 의견을 차례로 확인하고자 합니다.

(신랑에게)

문: 신랑 ○○○ 군은 신부 ○○○ 양을 아내로 맞이하고, 오늘 성혼이 선포되는 순간부터 하나님께서 죽음으로써 그대들을 나눌 때까지 기쁠 때나 슬플 때나, 건강할 때나 병들 때나, 부유할 때나 가난할 때나 어떤 경우에도 ○○○ 양을 아끼고, 인도하며, 보호하고, 그리스도께서 교회를 사랑하신 것같이 그녀를 사랑하며, 부부로서의 하나됨을 굳게 지킬 것을 하나님 앞과 증인들 앞에서 서약하십니까?

답: 예. 서약합니다.

(신부에게)

문: 신부 ○○○ 양은 신랑 ○○○ 군을 남편으로 맞이하고, 오늘 성혼이 선포되는 순간부터 하나님께서 죽음으로써 그대들을 나눌 때까지 기쁠 때나 슬플 때나, 건강할 때나 병들 때나, 부유할 때나 가난할 때나 어떤 경우에도 ○○○ 군을 의지하고, 존경하고, 도와주고, 교회가 그리스도께 복종한 것 같이 그에게 복종하며, 부부로서의 하나됨을 굳게 지킬 것을 하나님 앞과 증인들 앞에서 서약하십니까?

답: 예. 서약합니다.

성혼선포 ·· **주례자**

신랑 ○○○ 군과 신부 ○○○ 양

이제 그대들이 부부가 되었음을 성부와 성자와 성령의 이름으로 공포합니다. 하나님께서 짝지어 주신 것을 사람이 나누지 못할 것입니다.

예물교환 ·· **신랑·신부**

(필요한 경우에 결혼증표를 교환하는 순서를 가진다)

신랑과 신부는 오늘 맺은 결혼 언약을 늘 기억하기 위하여 서로를 향한 사랑과 신실함의 상징인 결혼증표를 서로 교환하겠습니다. 먼저 신랑이 신부에게 전달하고 이후에 신부가 신랑에게 전달하겠습니다.

찬송 ·· **다같이**

(찬송가 604장 "완전한 사랑", 605장 "오늘 모여 찬송함은"이나 601장~605장 중 하나를 부른다)

축도(강복선언) ··· **주례자**

제2부 축하

축가 ·· **맡은 이**

인사 ·· **맡은 이**

1) 양가 부모에게 인사   2) 하객에게 인사   3) 광고

사진촬영 ·· **부부와 가족들**

2. 결혼예식 설교문

1. 결혼식 설교문 작성지침

시간적 여유가 없더라도, 결혼에 대한 성경의 가장 기본적인 가르침은 분명하게 전달하여야 한다. 결혼의 기원이 어디에 있는지, 결혼의 목적이 무엇인지, 결혼의 의무가 무엇인지, 결혼에 어떤 어려움이 따르는지, 결혼한 부부가 받는 복이 무엇인지를 설교 안에 적절하게 배치하도록 한다. 결혼식에는 믿지 않는 이들도 참석하기 때문에 결혼식 설교는 복음을 전할 수 있는 매우 좋은 기회이다. 성경이 가르치는 결혼과 세상적인 결혼관이 어떻게 다른지 선명하게 전하면(특히 부부가 그리스도와 교회의 관계라는 것) 효과적인 설교가 될 수 있다. 분위기에 편승하여 결혼식 설교가 듣기 좋은 덕담으로 변하지 않도록 주의한다.

2. 설교 본문

1) 창세기 2:18~25

결혼은 하나님께서 만드신 창조질서에 속한 제도이다. 하나님은 인간을 하나님의 형상대로 창조하시되 남자와 여자로 창조하시고, 생육하고 번성하면서 이 땅에서 하나님의 나라를 이루어 갈 것을 말씀하셨다.

하나님은 각종 들짐승, 공중의 새를 지으시고 아담에게 데리고 오셨으나 아담에게는 합당한 배필이 없었다. 그래서 하나님은 아담의 갈빗대를 취해 하와를 만드셨다. 하와는 아담의 고백대로 참으로 '내 뼈 중의 뼈요 내 살 중의 살'이었다. 아담과 하와는 둘이지만 하나이며, 두 몸이지만 한 몸이다. 결혼은 두 사람이 한마음과 한 몸이 되어 하나님의 은혜 안에서 한 몸을 이루는 과정이다.

아담과 하와는 벌거벗었으나 부끄러움이 없었다. 결혼은 남편과 아내가 하나님 앞에서 성숙한 믿음의 남편과 믿음의 아내로 자라는 과정이다. 벌거벗었으나 부끄러움이 없었듯이, 남편과 아내는 서로를 섬김으로 서로 세워주며, 부끄러움이 없는 믿음의 부부로 함께 성장하며 자라는 것이다. 하나님의 은혜가 믿음의 부부로 살아가는 두 사람에게 언제나 함께 하시기를 기도한다.

2) 요한복음 2:1~11

예수님은 하나님 나라의 복음을 선포하셨다. 천국복음을 선포하신 예수님은 첫 번째 표적을 혼인 잔치에서 행하셨다. 혼인 잔치는 이 땅에서 하나님 나라의 은혜와 기쁨을 생생하게 경험하는 곳이며, 신자의 결혼생활은 그리스도와 교회의 사랑과 은혜를 풍성하게 경험하며 누리는 것이다.

포도주가 부족하여 혼인 잔치가 어려움에 처했듯이, 우리가 준비한 사랑과 믿음이 떨어져서 우리의 결혼생활이 어려움에 처할 때가 있다. 예수님은 물로 포도주를 만드심으로 위기에 처한 혼인 잔치를 구해 주시고 혼인 잔치의 기쁨을 더 풍성하게 하셨다. 우리의 부족함과 연약함이 오히려 결혼생활을 더욱 풍성하게 하시는 하나님의 은혜를 경험하는 결혼생활이 되기를 바란다.

하나님은 신자의 결혼에 복 주신다. 예수님은 우리의 결혼생활을 은혜로 온전하게 하신다. 예수님을 가정의 중심에 모시고 믿음으로 서로 사랑하며 섬김으로써, 예수님께서 주시는 천국의 기쁨과 은혜를 풍성하게 경험하는 믿음의 부부가 되기를 기도한다.

3) 에베소서 5:22~33

부부간의 사랑은 그리스도와 교회의 사랑을 본받아야 한다. 남편은 그리스도께서 교회를 사랑하듯 아내를 사랑하라 말씀하신다. 아내는 교회가 그리스도에게 복종하는 그 마음으로, 남편에게 복종해야 한다.

부부간의 사랑은 예수님께 받은 은혜와 사랑에서 나온다. 예수님께 받은 사랑으로 말미암아 남편과 아내는 서로 사랑한다. 예수님께 용서받은 은혜로 부부는 서로 용서하며 피차 복종한다. 부부간의 사랑은, 교회의 머리이신 예수님께서 부족한 교회인 나를 오늘도 용서하시는 그 사랑에 근거한다.

부부간의 사랑은 예수님께 받은 은혜의 열매이다. 그러므로 남편과 아내는 무엇보다 예수님의 사랑 안에 거해야 한다. 예수님의 사랑과 은혜 안에서 날마다 새롭게 될 때, 내 안에 풍성히 거하시는 예수님의 사랑으로 남편과 아내는 서로 진심으로 사랑하게 된다. 예수님께 받는 참사랑으로 먼저 사랑하고 먼저 섬기면서, 은혜 안에 함께 지어져 가는 부부가 되기를 기도한다.

예전예식서

대한예수교장로회 고신총회
THE KOSIN PRESBYTERIAN CHURCH IN KOREA

제6장

장례

제6장

장례

헌법은 장례에 관하여 다음과 같이 가르친다.

위로

장례식에는 시나 찬송을 부르고 합당한 성경을 낭독하고 설교를 하고, 특별히 슬픔을 당한 자로 하나님의 은혜를 받게 하며 저희의 슬픔이 변하여 영원한 유익이 되게 하며, 위로를 받도록 해야 한다(시행세칙, 제7조).

소망에 대한 확증

장례식은 집례 목사의 의견대로 하되 그 중요한 뜻을 잃지 말아야 하며 유족을 위로하는 일에 힘을 쓰고 신앙 없이 생활하다가 별세한 고인에 대한 소망은 언급하지 않아야 한다(시행세칙, 제7조).

복장
상복은 굴건제복 대신 유족을 표하는 간편한 복장으로 한다(시행세칙, 제7조).

입관
입관할 때에 관 안에 고인의 성경과 찬송가를 넣는 등의 미신적인 행위는 옳지 않고 잘 보관하여 고인을 추념함이 정당하다(시행세칙, 제7조).

빈소
고인의 무덤이나 관 앞에 촛불을 켜거나 향을 피우거나 배례함을 금한다(시행세칙, 제7조).

장례 절차에 대한 안내

1. 장례는 3일장을 원칙으로 하나 장례일이 주일이 되지 않게 2일장 혹은 4일장으로 조정할 수 있다. 위로예배와 함께 입관, 발인, 화장 혹은 하관, 봉안 때에 성도들이 모여서 예배를 드리며 유족을 위로하는 시간을 갖는 것이 통상적이나, 상황에 따라 변경해서 시행할 수 있다. 봉안은 가족 중심으로 진행하는 것도 좋다.

2. 위로 예배, 입관 예배, 발인 예배, 화장 혹은 하관 예배, 봉안 예배 순서를 예시로 소개하였는데, 인도자가 적절하게 변경하여 사용할 수 있다. 각 예배 별로 찬송과 성경 본문을 예시로 소개하였는데, 서로 교차하여 사용할 수 있다.

3. 본문별로 선포할 수 있는 메시지를 간략하게 소개하였는데, 인도자가 적절하게 참고할 수 있다.

1. 위로 예배

개식사 ··· **집례자**

"모든 눈물을 그 눈에서 닦아 주시니 다시는 사망이 없고 애통하는 것이나 곡하는 것이나 아픈 것이 다시 있지 아니하리니 처음 것들이 다 지나갔음이러라(계 21:4)"

이 시간 고 ○○○ 성도(직분)를 주님께 맡겨드리며 하나님께 예배를 드립니다. 예배 가운데 주님의 위로가 유족과 모든 성도에게 임하기를 소망합니다.

신앙고백 ·· **다같이**

찬송 ·· **다같이**

(찬송가 382장 "너 근심 걱정 말아라", 413장 "내 평생에 가는 길", 438장 "내 영혼이 은총 입어", 484장 "내 맘의 주여 소망 되소서"이나 493장, 608장 중 하나를 부른다)

기도 ·· **맡은 이**

성경봉독 ·· **집례자**

(적절한 성경에는 시 23:1~6, 마 6:9~10, 11:28, 딤후 4:6~8, 계 14:13 등이 있다)

설교 ·· **목사**

조사(유족과 협의하여) ··· **맡은 이**

찬송 ·· **다같이**

축도(강복선언) ··· **목사**

인사와 광고 ·· **유족대표**

2. 입관 예배

개식사 ··· **집례자**
이 시간 고 ○○○ 성도(직분)의 입관예배를 주님께 드립니다. 예배드릴 때 육신은 우리가 수습하지만, 고인의 영혼은 고인의 아버지 되시는 하나님이 고이 품어주실 줄 믿습니다.

신앙고백 ··· **다같이**

찬송 ··· **다같이**
(찬송가 301장 "지금까지 지내온 것", 412장 "내 영혼의 그윽히 깊은데서", 488장 "이 몸의 소망 무언가"이나 492장, 494장, 607장 중 하나를 부른다)

기도 ·· **맡은 이**

성경봉독 ··· **집례자**
(적절한 성경에는 시 131:1~3, 전 3:11, 사 40:6~8, 요 14:1~3 등이 있다)

설교 ·· **목사**

찬송 ··· **다같이**

축도(강복선언) ·· **목사**

3. 발인 예배

개식사 ··· **집례자**

"예수께서 이르시되 나는 부활이요 생명이니 나를 믿는 자는 죽어도 살겠고 무릇 살아서 나를 믿는 자는 영원히 죽지 아니하리니 이것을 네가 믿느냐 (요 11:25~26)"

이 시간 부활의 소망을 품고 고 ○○○ 성도(직분)의 발인 예배를 드리겠습니다. 믿음으로 예배하고 거룩한 부활의 소망으로 고인을 떠나보내기를 원합니다.

신앙고백 ··· **다같이**

찬송 ·· **다같이**
(찬송가 93장 "예수는 나의 힘이요", 288장 "예수를 나의 구주삼고", 491장 "저 높은 곳을 향하여"나 493장, 606장, 607장 중 하나를 부른다)

기도 ·· **맡은 이**

성경봉독 ··· **집례자**
(적절한 성경에는 요 11:25~26, 빌 3:20~21, 계 21:1~4, 22:1~5 등이 있다)

설교 ·· **목사**

찬송 ·· **다같이**

축도(강복선언) ·· **목사**

4. 하관(화장, 봉안) 예배

개식사 ··· **집례자**

"주께서 호령과 천사장의 소리와 하나님의 나팔 소리로 친히 하늘로부터 강림하시리니 그리스도 안에서 죽은 자들이 먼저 일어나고 그 후에 우리 살아남은 자들도 그들과 함께 구름 속으로 끌어 올려 공중에서 주를 영접하게 하시리니 그리하여 우리가 항상 주와 함께 있으리라(살전 4:16~17)"

이 시간 믿음으로 고 ○○○ 성도(직분)의 하관(화장, 봉안) 예배를 드립니다.

신앙고백 ··· **다같이**

찬송 ··· **다같이**

(찬송가 304장 "그 크신 하나님의 사랑", 305장 "나 같은 죄인 살리신", 491장 "저 높은 곳을 향하여"이나 494장, 609장, 610장 중 하나를 부른다)

기도 ··· **맡은 이**

성경봉독 ··· **집례자**

(적절한 성경에는 단 12:2~3, 고전 15:19~22, 빌 1:20~21, 살전 4:13~17 등이 있다)

설교 ··· **목사**

찬송 ··· **다같이**

축도(강복선언) ·· **목사**

취토 ··· 집례자, 유족, 조객의 순서로

"너는 흙이니 흙으로 돌아갈 것이니라(창 3:19)"

이제 사랑하는 고 ○○○ 성도(직분)의 육신을 흙으로 돌려보냅니다. 우리가 담대히 형제/자매의 육신을 흙으로 돌려보냄은 그의 영혼이 주님 품에 있음을 믿기 때문이요, 장차 주님 오시는 그날 부활의 몸으로 다시 만날 것을 믿기 때문입니다. 주여, 사랑하는 ○○○ 성도(직분)를 주의 품에 안식하게 하소서.

5. 참고할 성경

1) 위로예배

(1) 시편 23:1~6

주님이 우리의 목자시니 우리에게 부족함이 없다는 고백은, 푸른 풀밭 쉴만한 물가에서도 유효하지만, 사망의 음침한 골짜기에서도 변함없이 유효하다. 사망의 골짜기를 지난 고인에게도, 고인 없이 살아갈 유족들에게도 여전히 주님은 부족함 없는 목자가 되신다.

(2) 마태복음 6:9

하나님은 우리의 아버지시다. 감사로 고백하건대, 고인의 아버지이시기도 하다. 더욱 감사한 것은, 이 땅에서도 그러하지만 하늘에서도 그러하다. 살아있을 때 신실하게 동행하신 하나님은 죽어서도 영원히 우리와 고인의 아버지가 되신다.

(3) 마태복음 11:28

주님이 우리를 수고하고 무거운 짐 진 자로 부르시는 것은, 우리의 수고와 짐을 덜어주기를 원하시기 때문이다. 이 땅에서 많이 수고하고 감당하기 어려운 무거운 짐을 성실하게 감당했던 고인에게 주께서 평안한 안식을 허락하실 것이다.

(4) 디모데후서 4:6~8

선한 싸움을 감당하며 열심히 살아온 고인의 삶에 경의를 표하며, 그의 삶을 신실하게 이끌어 주신 하나님께 영광을 돌린다. 인생의 주인이신 하나님이 고인의 삶을 칭찬하시고, 그리스도의 보혈로 허물을 용서하시며, 귀한 상을 베풀어 주실 것이다.

(5) 요한계시록 14:13

주 안에 있으면 죽음조차 복된 일이다. 죽음과 함께 이 땅의 수고를 그치고 주님 안에 안식을 누린다. 부족하지만 성실하게 살아온 우리의 삶을 주께서 격려하시고 칭찬하실 것이다. 허물이 있다면 그리스도의 보혈로 용서해 주시고 영원한 영광을 선물하실 것이다.

2) 입관예배

(1) 시편 131:1~3

육신은 관에 누이지만 성도의 영혼은 하나님의 품에 안긴다. 하나님의 품은 어머니의 품과 같이 따뜻하고 안전하고 평안하다.

(2) 전도서 3:11

하나님이 우리의 마음에 영원을 사모하는 마음을 주신 이유가 무엇일까? 영원한 생명이 존재하기 때문이고, 그 생명을 우리에게 주시기 위함이다. 믿음으로 영생을 소망한 고인에게 주께서 영원한 부활 생명을 허락하실 것이다.

(3) 이사야 40:6~8

인간의 육신은 풀과 같이 마르지만 주의 말씀은 영원하다. 고인의 육신은 흙으로 돌아가지만, 말씀을 붙들고 산 고인의 영혼은 주님 품에서 영원토록 생기가 넘칠 것이다. 말씀은 영원한 생명의 양식이다. 우리도 말씀 붙

들고 말씀을 먹으며 살자.

(4) **요한복음 14:1~3**
고인을 떠나보낼 때 혹여 거처가 없을까 염려하지 말라. 주께서 친히 아버지의 집에 거할 곳을 예비하셨다. 주님이 먼저 하늘로 올라가심은 우리의 거처를 마련하기 위함이었다. 주께서 마련하신 거처에서 영원히 안식하기를 소망한다.

3) 발인예배

(1) **요한복음 11:25~26**
주님이 부활이신 것은 그분이 부활하셨기 때문이요, 또한 우리에게 부활을 선물할 분이기 때문이다. 또한 그분의 이름이 생명인 것은 그분 안에는 죽음을 이기는 참된 생명이 있기 때문이요, 그 생명을 우리에게 선물하시기 때문이다. 믿는 자는 영원한 생명으로 부활할 것이다.

(2) **빌립보서 3:20~21**
우리의 시민권은 하늘에 있다. 땅에서 살았지만, 고인의 소속은 땅이 아니라 하늘이었고 이제 그의 본향인 하늘로 돌아간다. 고인의 주님이신 예수님이 그를 맞아줄 것이요, 장차 부활의 날에 거룩한 영광의 몸을 입게 될 것이다.

(3) **요한계시록 21:1~4**
주를 향한 믿음으로 고인을 전송하자. 신부가 남편을 맞이하듯 최고의 정성으로 주께서 고인을 맞아주실 것이다. 모든 눈물을 닦아주시고 아픔도 슬픔도 없는 주님 품에서 안식하게 하실 것이다. 장차 주님 다시 오시는 그 날 새 하늘과 새 땅에서 고인을 만나게 될 것이다.

(4) 요한계시록 22:1~5

성도의 죽음은 땅을 향하지 않고 하늘을 향한다. 그러므로 성도의 장례는 어둠을 향하지 않고 눈을 들어 부활 생명의 빛을 바라본다. 우리 주님 다시 오시는 그날 고인과 우리를 다시 일으켜 그 이름도 영광스러운 그리스도의 영원한 생명을 누리게 하실 것이다.

4) 하관(화장, 봉안) 예배

(1) 다니엘 12:2~3

인생은 흙에서 나와서 티끌로 돌아가지만, 예수 안에 있는 인생은 부활의 영광 가운데 영생을 누릴 것이다. 이 땅의 수고를 칭찬받으며, 무엇보다 영혼을 위한 수고에 대해 주님은 하늘의 별과 같은 영광으로 갚아주실 것이다.

(2) 고린도전서 15:19~22

부활이 없다면 성도의 삶은 허망하고 가련하다. 그러나 믿음으로 선포하건대 예수님이 부활하셨고 그분 안에서 우리도 부활할 것이다. 예수 안에 있는 성도의 죽음은, 죽음이 아니라 잠시 잠드는 것이다. 평안히 안식하다가 부활의 날에 기쁘게 만나기를 소망한다.

(3) 빌립보서 1:20~21

사도 바울이 죽는 것도 유익하다고 담대하게 선언한 것은, 주님 품에 안식하는 행복을 알았기 때문이다. 이 땅에서 주님과 동행하는 삶이 귀하듯, 주의 부르심을 받아 주님 품에 안기는 것 역시 너무나 존귀하다. 믿음으로 살다가 소망을 품고 주님 품에 안기자.

(4) **데살로니가전서 4:13~17**

고인을 떠나보내는 장례는 아쉽고 무거운 일이지만, 믿음 안에 있으면 장례조차 소망의 시간이 된다. 성도에게 죽음은 끝이 아니라 영생으로 들어가는 관문이다. 주님 다시 오시는 그날 고인과 우리 모두에게 영광스러운 부활이 임할 것이다.

(고인을 생각할 때 떠오르는 특별한 찬송이나 본문으로 설교할 수도 있고, 고인이 평소에 사랑하던 찬송이나 본문으로 설교하는 것도 의미가 있다)

예전예식서

대한예수교장로회 고신총회
THE KOSIN PRESBYTERIAN CHURCH IN KOREA

제7장

예배당 봉헌

제7장

예배당 봉헌

예배당 봉헌식은 신축된 예배당이 완공되고 온 교회가 하나님께 감사하며 봉헌하는 예배를 드리고 충성을 다짐하는 것이다(시행세칙, 제1조).

봉헌식의 주례는 해 교회의 당회장이 담당하는 것을 원칙으로 한다(시행세칙, 제1조).

> 하나님은 자기 백성들이 성령과 진리로 드리는 예배를 받으신다(요 4:24). 복음 시대에는 예배가 특정 장소를 국한하지 않는다. 그럼에도 불구하고 예배를 위해 어떤 한 장소를 구별하는 것은 유익하다. 하나님께서 그러한 장소를 허락하실 때에 온 교회가 함께 모여 마땅히 예배해야 한다. 예배당을 목적에 합당하도록 봉헌하는 일은 적절하다.

예배당 봉헌식

집례: 당회장

제1부 예배

개식사 ··· **집례자**

사랑하는 성도 여러분,

하나님께서는 우리가 예배 처소를 건축하는 것을 기뻐하셨습니다. 여러 어려움에도 불구하고 우리가 이 일을 기쁨으로 실행하도록 복을 주셨습니다. 우리는 마침내 예배당을 완공하였습니다.

이곳에서 사도적인 교훈을 순전하게 설교하고, 성례가 은혜롭게 집행되며, 공정한 권징을 시행하도록 간구합시다. 이 예배당이 구원의 복음을 믿는 이들로 가득하게 하시고, 성령님의 은혜가 모든 성도들의 삶에 충만하도록 간구합시다.

이 시간 예배당 봉헌을 위한 예배의 자리로 부르신 삼위 하나님의 초청에 한 마음으로 나아갑시다.

예배 초청 ··· **집례자**

"우리의 도움은 천지를 지으신 여호와의 이름에 있도다"(시 124:8)

축복의 인사 ·· **집례자**

(인도자가 고전 1:30이나 계 1:4~5을 낭독한다)

"하나님 우리 아버지와 주 예수 그리스도로부터 은혜와 평강이 있기를 원하노라" (고전 1:3)

신앙고백 ···	**다같이**
찬송 ···	**다같이**
(1장~40장 중 하나를 부른다)	
대표기도 ··	**맡은 이**

하나님 아버지!

삼위 하나님께서 부른 ○○교회가 오래전에 시작하게 하시고, 이곳 ○○동에 예배당을 건축하게 하신 은혜를 찬양합니다. 부족한 우리의 마음에 새로운 예배당 건축을 소망케 하시고, 헌신하는 마음을 주셔서 여기까지 인도하시니 감사와 영광을 드립니다.

이 예배당에서 예배하는 교회인 우리가 천국을 이 땅에 드러내게 하소서. 우리의 강단에서 흘러나온 말씀이 택하신 백성을 불러 모으는 나팔이 되게 하소서. 이곳에서 베푸는 세례가 끊이지 않게 하시고, 이곳에서 주시는 성찬이 주님의 백성들을 배부르게 하소서. 힘들고 지친 영혼들이 이 예배당에서 눈물로 기도할 때, 삼위 하나님 친히 들으시고 응답하소서.

언약의 자녀들이 이 예배당에서 말씀으로 양육 받아, 믿음의 용사로 자라게 하소서. 젊은이들이 이 예배당에서 인생의 길을 발견하고, 새로운 가정을 꾸리는 역사가 일어나게 하소서. 연로한 어르신들이 이곳에서 인생의 황혼을 즐기게 하소서.

그리하여 이 처소에서 모이는 우리 교회가 에덴의 동산처럼, 모세의 성막처럼, 솔로몬의 성전처럼 영광스러운 공동체를 이루게 하소서. 건축 과정에서 헌신한 우리의 공로가 드러나는 것이 아니라 삼위 하나님의 복음이 울려 퍼지는 성령의 공동체인 교회가 자리 잡게 하소서. 모든 건축 과정에 함께 하시며 은혜 베푸신 예수 그리스도의 이름으로 기도드립니다. 아멘.

성경봉독 ··· 맡은 이
(적절한 성경에는 마 7:24~27, 16:18, 행 2:43~47, 고전 3:16~17, 고후 11:1~2, 엡 2:20~22, 딤전 3:15, 벧후 2:9~10 등이 있다)

찬양 ··· 찬양대

설교 ·· 목사

찬송 ·· 다같이
(찬송가 207장 "귀하신 주님 계신 곳", 208장 "내 주의 나라와", 209장 "이 세상 풍파 심하고", 그 외 210장, 598장, 599장, 600장 중 하나를 부른다)

축도(강복선언) ··· 목사

제2부 봉헌식

건축경과보고 ·· 맡은 이

열쇠 봉헌 ·· 맡은 이
(건축위원장이 열쇠 함을 담임목사에게 전달한다)

봉헌 공포 ··· 집례자
"대한예수교 장로회 ○○교회 교우 일동은 이 예배당이 하나님께 온전히 봉헌된 것을 내가 성부와 성자와 성령의 이름으로 선포하노라. 아멘."

축사 ·· 맡은 이

찬송 ·· 다같이

감사인사 ··· **맡은 이**
　(건축과 관련하여 특별히 감사를 전할 분들에게 교회를 대표하여 감사를 전한다)

광고 ··· **맡은 이**

제8장

목회심방(환자, 시험 든 자, 임종 앞둔 이)

제8장

목회 심방 (환자, 시험 든 자, 임종 앞둔 이)

목사는 맡은 양 떼를 권고하고 권면하며 책망하고 위로한다. 목사는 성도들이 건강할 때는 죽음을 예비하도록 훈계하고, 병중에 있을 때는 하나님께 의지하여 적절한 말씀을 붙잡도록 도움을 준다.

목사는 모든 질병과 죽음이 죄의 결과임을 가르치고, 그리스도의 십자가가 죄를 제거하며, 영생에 이르는 길임을 확신하도록 권면해야 한다. 질병이 하나님의 심판이라고 섣불리 단정하지 말고, 질병을 통하여 하나님을 더욱 가까이하는 기회로 삼도록 격려한다.

환자가 풍성한 성도의 교제를 통하여 위로를 얻도록 세심히 배려하며, 질병 때문에 믿음에서 떠나는 일이 없도록 자주 심방하여 말씀과 찬송 그리고 기도로 믿음을 굳건하게 한다.

시험에 든 자들을 위로하고 격려하며, 책망하고, 말씀으로 권면해야 한다. 그리하여 시험이 하나님께 더 가까이 가는 기회임을 깨닫게 해야 한다.

임종이 임박한 환자에게는 예수님의 부활을 증거하여 영생의 확신을 굳게 하고, 가족과 성도들에게는 부활 신앙의 소망을 견고케 해야 한다.

1. 경건회

신앙고백 ··· **다같이**

찬송 ··· **다같이**
(찬송가 370장~419장, 470장~474장 중 하나를 부른다)

성경봉독 ··· **집례자**
(상황별 성경본문은 아래 '참고할 성경'을 참고하라)

설교 ··· **목사**

기도 ··· **맡은 이**

찬송 ··· **다같이**
(심방을 시작하면서 미리 환자가 좋아하는 찬송을 확인하여 그 찬송을 부르는 것을 추천한다)

주기도문 ··· **다같이**

2. 참고할 성경

투병과 시험 든 자 그리고 임종 직전에 있는 성도들을 격려하는 다음의 성경 본문을 참고하라. 어떠한 곤경에도 주님께서 자기 백성과 함께 하신다는 성경본문은 다음과 같다.

1) 하나님의 보호

(1) 창세기 45:5

요셉은 자신을 판 형들을 향하여 근심하지 말며, 한탄하지 말라고 했다. 왜냐하면, 하나님께서 생명을 구원하려고 애굽에 자신을 먼저 보냈기 때문이라 말한다. 성도의 삶은 하나님의 오묘한 섭리 안에 있다. 그러니 자신에게 주어진 질병이나 환란조차도 하나님께서 선히 사용하신다. 이 믿음으로 현재의 어려움을 이기는 성도가 되자.

(2) 시편 18:1~2

다윗은 기름 부음을 받은 후에 곧바로 왕이 되지 못했다. 오히려 사울을 피해 다니는 도망자의 삶을 살았다. 그때, 다윗은 하나님이 반석이요, 요새이며, 나를 건지시는 분이요, 방패요, 구원의 뿔이라 고백했다. 하나님은 자기 백성의 산성이시다. 이 하나님을 부르고, 그 앞에 엎드리자. 하나님은 우리를 안전히 인도하신다.

(3) 다니엘 6:26~27

모함으로 사자 굴에 던져진 다니엘을 하나님께서 건져내셨다. 이를 직접 본 다리오 왕은 하나님은 살아계시고, 변하지 않으며, 그의 권세는 무궁하다고 고백했다. 하나님은 자기 백성을 구원하시며, 건져내시고, 하늘과 땅에서 이적과 기사를 행하시는 분이시다. 사자의 입에서 다니엘을 벗어나게 하신 하나님이 우리를 질병에서 온전케 하실 것이다.

(4) 요한복음 17:15~17

대제사장이신 예수님은 제자들이 악에 빠지지 않게 보전해 달라고 기도하셨다. 주님이 세상에 속하지 않았듯이 제자들도 세상에 속하지 않았다. 불변하시는 주님께서 지금도 자기 백성을 악에서 건져내며, 진리로 거룩하게 하신다.

(5) 사도행전 16:25~32

복음 때문에 갇힌 바울과 실라는 감옥에서도 기도하고 찬송했다. 하나님께서 옥문을 여셨고, 빌립보의 간수는 복음을 받았다. 고난 중에도 역사하시는 하나님을 찬양하자. 옥에서도 기도하며 찬송한 사도의 신앙을 기억하자. 아버지 하나님은 자녀의 기도에 언제나 응답하신다.

2) 시험을 이기게 하시는 하나님

(1) 창세기 32:24~30

이십 년 만에 고향으로 돌아가는 야곱에게 큰 근심거리가 있었다. 바로 형 에서 때문이었다. 이 문제를 해결하려고 야곱은 하나님과 더불어 밤새도록 씨름했다. 자신을 축복하지 않으면 가게 하지 않겠다는 야곱의 간청을 하나님은 들으셨다. 야곱은 에서가 아니라 하나님을 두려워해야 함을 깨달았다.

(2) 신명기 8:2~6

이스라엘의 광야 사십 년은 연단을 위한 시험의 시간이었다. 이스라엘은 낮아졌고, 주리기도 했다. 그러나 하나님은 자기 백성들을 만나로 먹이시고, 의복이 해어지지 않게 했고, 발이 부르트지 않게 하셨다. 시험은 믿음의 연단을 통해 하나님의 은혜를 경험하는 길이다. 주어진 고난을 통하여 오직 여호와의 말씀으로 사는 성도가 되자.

(3) 야고보서 1:2~4, 12

시험은 고통스럽다. 그러나 사도는 시험을 당할 때, 기쁘게 여기라고 가르친다. 믿음의 시련이 인내를 이루기 때문이다. 인내는 성도들을 온전하게 하며, 구비하게 하여 부족이 없게 한다. 시련을 견딘 성도는 복되다. 그들에게는 생명의 면류관이 약속되었다. 영광의 면류관을 소망하며 시험을 이기는 성도가 되자.

(4) 베드로전서 1:6~7

성도는 언제나 시험을 경험한다. 질병에 걸리기도 하고, 불의의 사고를 당하기도 하며, 생명에 위협을 받기도 한다. 이러한 시험은 우리를 잠깐 근심하게 만든다. 그러나 성도는 시험에 빠져 있어서는 안 된다. 오히려 기뻐해야 한다. 믿음의 확신이 불로 연단한 금보다 더 귀하기 때문이다. 시험을 견디고 믿음을 지킨 성도에게는 칭찬과 영광과 존귀가 주어진다.

(5) 요한계시록 2:10

서머나 교회는 유대인들에게 큰 핍박을 받은 교회이다. 그들은 그것 때문에 환난과 궁핍을 아는 교회였다. 육신으로는 궁핍했지만, 오히려 그들은 부요한 교회였다. 그럼에도 서머나 교회는 다른 시험이 기다리고 있었다. 몇 성도가 옥에 갇히는 환난이었다. 환난 중에도 죽도록 충성하면 생명의 면류관이 약속되었다. 이 약속을 따라 살아가는 성도가 되자.

3) 연단하시는 하나님

(1) 창세기 41:41~45

요셉은 형들에게 시기와 미움을 받았다. 조롱과 멸시 끝에 애굽으로 팔

려갔다. 보디발의 집에서 종으로 살았고, 그 집에서 음해를 받아 옥에 갇혔다. 바로의 술 맡은 관원장의 꿈을 해석해 주었지만, 관원장은 이 년 동안 요셉을 잊었다. 십삼 년을 비참하게 살았다. 그러나 하나님은 요셉이 비참한 삶을 통과하도록 인도하셨다. 결국 애굽의 총리가 되었다. 고난은 영광의 면류관이다.

(2) **욥기 23:10~12**

동방의 거부 욥은 하루아침에 모든 것을 잃었다. 아내는 하나님을 저주하라고 했고, 위로하려고 찾아온 친구들은 욥을 나무랐다. 그러나 욥은 자기 신앙을 고백한다. "그가 나를 단련하신 후에는 내가 순금같이 되어 나오리라"고 했다. 욥이 이런 고백을 할 수 있었던 것은 하나님의 말씀을 귀히 여겼기 때문이다. 연단 중에도 말씀을 귀히 여기는 성도가 되자.

(3) **요한복음 16:20~22,33**

주님의 죽음은 여자가 해산하는 것과 같다. 아이를 낳기 전에는 근심하지만, 아이가 태어나면 모두가 기뻐한다. 이처럼 주님이 걸으신 고난의 길은 우리에게 생명의 길이었다. 세상에서 환난을 당하나 담대해야 한다.

(4) **사도행전 14:22**

예수님께서는 의를 위하여 박해를 받는 성도는 복되며, 이들에게는 천국이 주어진다고 말씀하셨다. 사도 바울도 동일하게 가르쳤다. "우리가 하나님의 나라에 들어가려면 많은 환난을 겪어야 할 것이라"고 하셨다. 성도의 인생 여정은 고난과 환난의 연속이다. 그러나 그 환난을 견디면 하나님 나라가 기다리고 있다.

(5) 로마서 5:1~5

세상 사람들은 고난이나 환난을 만나면 슬퍼하지만, 성도가 환난을 기뻐하는 이유는 환난이 인내를, 인내는 연단을, 연단은 소망을 이루기 때문이다. 우리의 소망은 하나님과 화평을 누리는 것이요, 성도는 환난 중에도 즐거워해야 한다. 육체의 질병과 삶의 고통을 견디며 소망의 삶을 사는 성도가 되자.

4) 징계하여 회복시키시는 하나님

(1) 느헤미야 2:1~10

수산 궁에 있는 느헤미야는 예루살렘 성이 허물어지고 성문이 불탔다는 소식을 듣고 슬퍼하며 금식하고 기도한다. 자기 민족이 범죄 하여 주를 향하여 악을 행했고, 계명과 율례와 규례를 지키지 않았다고 고백한다. 그 후, 느헤미야는 아닥사스다 왕에게 예루살렘을 재건할 허락을 받는다. 하나님께서는 자기 백성의 기도에 응답하시고 회복시키신다.

(2) 시편 51:1~12

다윗은 위대한 왕이었지만 우리야의 아내를 범함으로 죄를 지었다. 나단 선지자는 다윗의 죄를 드러내고 지적했다. 다윗은 하나님의 은혜와 긍휼을 따라 자신의 죄를 씻어 달라고 청한다. 우슬초로 정결케 하며, 주의 얼굴을 내 죄에서 돌이키시고 내 모든 죄악을 지워 달라 기도한다. 내 속에 정한 마음을 창조하시고 내 안에 정직한 영을 새롭게 해 달라고 간구한다. 하나님은 자비하셔서 회개하는 백성을 품에 안으시고 용납하신다.

(3) 이사야 38:9~20

히스기야 왕은 죽을병에 걸렸지만 하나님의 은혜로 십오 년이나 생명을 연장 받았다. 히스기야는 "나를 치료하시며 나를 살려 주옵소서"라고 간청했다. 하나님은 그 기도에 응답하셨고, 히스기야는 "내 영혼을 사랑하사 멸망의 구덩이에서 건지셨다"고 찬양했다. 히스기야의 소생은 하나님의 왕국을 회복하고 개혁하는 힘이었다. 하나님께서는 사랑하는 백성들을 소생시켜 찬송케 하신다.

(4) 히브리서 12:5~11

하나님은 우리 아버지이시다. 아버지는 아들을 사랑하시기에 징계하시고 채찍질하신다. 자녀인 우리는 아버지의 징계를 가벼이 여겨서도 안 되고, 꾸지람을 받을 때 낙심해서도 안 된다. 아버지 하나님의 징계는 자녀를 향한 사랑의 표이다. 아버지의 징계를 감사히 받자. 사랑의 징계는 우리를 거룩하게 만드는 원천이다. 우리가 징계를 받음으로 의와 평강의 열매를 맺는다.

(5) 야고보서 5:13~16

고난당하는 성도들은 기도해야 하며, 병든 자는 장로들을 청해야 한다. 장로들의 기도는 병든 자를 구원하며 주께서는 그를 일으키신다. 의인의 간구는 역사하는 힘이 크다. 그러므로 죄를 서로 고백하며 병이 낫기를 위하여 서로 기도해야 한다. 장로들의 기도를 통하여 죄를 제거하며 병든 자를 온전케 하시는 하나님을 찬양하자.

5) 부활을 약속하신 하나님

(1) 창세기 5:21~24

창세기 5장은 모두가 몇 살까지 살다가 죽었다고 말씀한다. 그러나 한 사람 에녹은 "하나님이 그를 데려가시므로 세상에 있지 아니하였더라"고 했다. 에녹은 믿음의 자손들이 얻을 영광스러움을 보여주는 표이다. 사단은 믿음을 소유한 성도를 죽음으로 가둘 수 없다. 주님이 재림하실 때 성도는 부활한다.

(2) 출애굽기 12:1~14

유월절 규례에 따라 이스라엘 백성들은 흠 없는 일 년 된 어린 양을 잡고 피를 집 좌우 문설주와 인방에 발랐다. 그 밤에 여호와 하나님께서 애굽의 장자들과 짐승의 초태생을 모두 죽이셨다. 그러나 피 묻은 집은 지나가셨다. 어린 양의 피로 이스라엘 백성들은 죽음에서 생명으로 옮겨졌다. 어린 양이신 예수님의 보혈은 우리를 죽음에서 생명으로 옮긴다.

(3) 에스겔서 37:11~14

마른 뼈들이 살아났다. 이 뼈들은 이스라엘 온 족속이다. 여호와께서 그들을 살려 군대가 되게 하셨다. 포로회복에 대한 예언이다. 진정한 포로회복은 이방 국가로부터의 독립이 아니라 사단의 권세로부터의 자유이며 승리이다. 이스라엘을 회복시키신 하나님께서 오늘도 살아계셔서 자기 백성을 죽음에서 건져내어 영생을 주신다. 성도는 부활의 첫 열매인 예수님과 연합하여 부활한다.

(4) 요한복음 20:26~29

의심 많은 도마는 주님의 손에 난 못 자국을 보며, 옆구리에 손을 넣어 보지 않고는 믿지 않겠다고 했다. 부활의 주님은 도마에게 내 손을 보고 네 손을 내밀어 내 옆구리에 넣어 보라고 하셨다. 그리고 믿음 없는 자가 되지 말고 믿는 자가 되라고 권하셨다. 주님은 나를 보지 못하고 믿는 자들은 복되다고 하셨다. 보지 않고도 믿는 복된 성도가 되자.

(5) 고린도전서 15:50~58

주님 재림하실 때, 죽은 자들이 썩지 아니할 것으로 다시 살아나고 변화된다. 썩을 것이 썩지 아니함을 입고 죽을 것이 죽지 아니함을 입는다. 그때, 주의 백성들은 사망을 향하여 "사망아 너의 승리가 어디 있느냐?"고 소리치며 부활의 영광을 누릴 것이다. 그러니 육신의 죽음을 두려워하지 말고 흔들리지 않고 주의 일에 힘쓰는 성도들이 되자.

3. 기도문

기도문 1

사랑하는 아버지 하나님,

원치 않는 질병으로 고통 중에 있는 ○○○를 위해 기도합니다. 능력의 오른손으로 어루만져 속히 이 질병에서 자유롭게 하옵소서. 치료하는 의사들의 손과 마음을 주관하셔서 지혜를 주시고, 가장 적절하고 좋은 치료법으로 치료하게 하옵소서.

병중에 있을지라도 우리의 방패와 산성이신 삼위 하나님을 의지하게 하옵소서. 사울을 피해 도망 다닌 다윗에게 피할 바위가 되시고, 사자 굴에 던

져진 다니엘을 건져내시며, 옥에 갇힌 바울과 실라에게 자유를 주신 하나님을 신뢰하게 하옵소서.

그리하여 이 질병이 하나님께 더 가까이 가는 지름길이 되며, 믿음을 견고하게 하는 자양분이 되게 하소서. 예수님의 이름으로 기도드립니다. 아멘.

기도문 2

한결같이 자녀를 돌보시는 아버지 하나님,

지금 마음의 번민과 고통 중에 있는 ○○○을/를 굽어살펴 주옵소서. 생각지 못한 어려움으로 힘든 시간을 보내고 있사오니, 긍휼을 베풀어 주옵소서.

형들에게 팔려, 긴 시간 고난의 삶을 산 요셉을 인도하신 하나님을 기억하게 하옵소서. 거부 욥이 모든 것을 잃고 재 가운데 앉았을 때 찾아오셔서 위로하신 하나님을 바라보게 하옵소서. 낙망하여 힘없이 엠마오로 가던 두 제자를 찾아오셔서 새 힘을 주신 주님의 사랑을 생각하게 하옵소서.

그리하여 ○○○ 성도가 다시 신앙을 회복하고, 믿음의 반석 위에 굳게 서게 하소서. 우리의 반석이신 예수님의 이름으로 기도드립니다. 아멘.

기도문 3

아버지 하나님,

자녀에게 징계가 없으면 사생자라 말씀하신 주님,

우리는 연약하고 나약하며 힘없는 양들입니다. 목자의 돌봄이 싫어 안전한 길을 버리고 욕심을 따라갔습니다. 우리 마음은 진리의 말씀을 따르고 싶었으나 우리 몸은 너무나 약하여 유혹에 굴복하였습니다. 하늘 백성의 삶을 버리고 세상을 따라 산 우리 죄를 용서하여 주옵소서.

이제 뒤늦게 아버지께서 자녀인 우리를 징계하시는 줄을 깨닫습니다. 아버지의 품을 떠나 마음대로 산 둘째 아들처럼 이제 주님의 품으로 돌아갑니다. 받아주시고 용납하여 주옵소서.

이 징계와 형벌이 죄와 비참을 깨닫는 기회가 되게 하시고, 아버지와 성도들의 사랑을 경험하는 현장이 되게 하소서. 그리스도의 십자가 보혈이 우리를 다시 하나님의 보좌로 인도하게 하옵소서.

그리하여 우리가 아버지의 사랑을 찬양하며, 아버지의 용서를 체험하는 사랑스러운 자녀가 되게 하옵소서. 우리를 용서하시고 받아주시길 즐거워하시는 예수님의 이름으로 기도드립니다. 아멘.

기도문 4

전능하신 하나님 아버지, 심히 연약한 가운데 여기 누워 있는 ○○○을/를 돌보사 힘을 얻게 하소서. 부활의 주님께서 약속하신 영생을 굳게 믿게 하옵소서.

이 형제(자매)를 모든 악에서 구원하시며 전능하신 팔로 붙들어 주소서. 그를 모든 결박에서 해방시켜 성부 성자 성령께서 거하시며 친히 다스리시는 영원한 안식처에서 주의 모든 성도와 함께 안식을 누리게 하옵소서. 주 예수님의 이름으로 기도드립니다. 아멘.

기도문 5

자비로우신 하나님 아버지, 우리는 하나님의 자녀 ○○○을/를 주님의 손에 맡깁니다. 간절히 구하오니 주님의 품에 안아 평안을 누리게 하옵소서. 육체의 고통이 부활 신앙을 흔들지 못하게 하시며, 영생의 기쁨을 빼앗지 못하게 하소서.

주님의 시간에 ○○○이/가 육체 밖에서 주의 광명을 보게 하시고 새 나라를 얻게 하소서. 우리의 참 소망이신 주 예수 그리스도의 이름으로 기도드립니다. 아멘

예전예식서

대한예수교장로회 고신총회
THE KOSIN PRESBYTERIAN CHURCH IN KOREA

제9장

기도문

제9장

기도문

다음 기도문은 장로교회(개혁주의 교회들)에서 사용하는 기도문을 참고하였다. 반드시 이 기도대로 할 필요는 없으나 공사 간의 기도에 도움이 될 것이다.

1. 죄의 자복과 용서를 위한 기도

거룩하신 하나님 아버지,

우리가 주님 앞에 겸허한 마음으로 나왔습니다. 우리는 주님께 크게 범죄하였기에 주께서 우리를 심판하신다면 영원한 죽음 외에는 다른 길이 없음을 고백합니다.

우리는 죄 가운데서 잉태되고 불의(不義) 가운데 태어났기 때문에 우리 안에는 온갖 악한 욕망이 도사리고 있음을 고백합니다. 그뿐만 아니라 우리는 날마다 생각과 말과 행위를 통해서 주님의 계명을 범하고 있습니다.

우리는 주님께서 우리에게 명령하신 것은 행하지 않으면서도 주님께서 금지하신 것은 도리어 행하였습니다.

우리가 주님께 이같이 범죄하였기에 우리는 하나님의 자녀로 불릴만한 자격이 없으며 우리의 눈을 들어 주님을 감히 쳐다볼 수 없습니다. 이 시간 이것을 부끄러운 마음으로 고백하고 우리를 낮춥니다.

그러나 하나님께서는 죄인의 죽음을 기뻐하지 않으시고 회개하며 살아가는 것을 기뻐하심을 우리가 알기 때문에, 주님의 자비하심을 의지하며 간절히 용서를 구합니다. 진리 안에서 주님의 이름을 부르는 모든 자에게 자비가 한이 없으신 주님을 의지합니다.

우리의 중보자, 하나님의 어린 양으로 세상의 죄를 없애신 예수 그리스도를 신뢰하며 나아가오니 우리를 불쌍히 여겨 주소서. 예수 그리스도의 이름으로 우리의 모든 죄를 용서하소서. 그리스도의 보혈로 우리를 씻기시어 정결하게 하소서. 주님의 이름과 영광을 위해서 의의 옷으로 우리의 벌거벗은 것을 덮으소서.

우리 마음에 주님의 법을 새겨 주시고 새 힘과 선한 열망을 주시어 주님의 뜻대로 살아가게 하옵소서. 그래서 주님께 찬양을 돌리며 주님의 교회가 세워지게 하소서.

2. 복음 전파를 위한 기도

아버지여, 모든 사람을 위하여 기도하라고 우리에게 명령하신 대로 주님의 거룩한 복음이 전파되는 일에 주님께서 복 주시기를 기도합니다.

온 세상에 복음이 전파되고 받아들여지게 하시어, 온 땅이 주님의 이름을 아는 것으로 가득하게 하소서. 그래서 무지한 자를 돌이키시며 약한 자를 믿음으로 강하게 하시고 말과 행동을 통해 주님의 거룩한 이름을 영화롭게 하는 것을 가르치소서.

이를 위해 준비하신 일꾼을 보내시고 사명을 신실하게 감당할 수 있도록 은사로 무장시켜 주소서. 주님의 영광을 구하지 않고 양들의 구원을 염려하지 않는 모든 거짓 목자를 물리치소서. 또 주님께서 각처에서 불러 모으시는 교회들이 말씀의 능력과 성령으로 말미암아 참믿음 안에서 하나로 머물러 있게 하소서. 사탄의 나라는 멸망하게 하시고, 주님의 나라가 이루어지게 하소서.

전 세계에서 복음이 전파되는 것을 위해 기도합니다. 주님의 진리에서 떠나 있는 자를 위해 일하는 모든 사역을 위해서 기도합니다. 이들을 어두움에서 주님의 빛으로 인도하시며 길 잃은 양들을 믿음의 공동체로 인도하옵소서.

3. 복음의 영향력을 위한 기도

전능하신 하나님, 하늘과 땅의 모든 권세를 가지신 예수 그리스도의 능력을 의지하여 기도드립니다. 복음이 전파되는 곳마다 공중 권세를 잡은 사탄의 방해를 강하게 받고 있지만, 사탄의 세력은 주 예수 그리스도의 이름 앞에 굴복하게 되어 있음을 믿습니다.

그러나 복음 전파를 방해하는 사탄이 세워 놓은 장벽이 너무 크고 강해 보입니다. 이 땅의 복음 전도자들에게 여리고 성을 무너지게 해주신 하나님의 능력을 믿는 믿음을 주셔서 두려움이 사라지게 하시고, 복음을 전할 때마다 사탄이 무릎을 꿇는 복음의 영향력을 경험하게 하소서. 하나님의 전신 갑주를 입고 담대하게 복음을 전하게 하셔서 사탄의 진지가 무너지는 역사로 인해, 복음 전도자들에게 하늘과 땅의 모든 권세를 가지신 주님의 능력이 나타나게 하소서.

4. 정부와 군인을 위한 기도

만왕의 왕이신 주님, 이 나라 이 민족을 여기까지 인도해 주셔서 감사합니다. 하나님의 특별하신 은혜로, 우상숭배의 죄가 가득했던 이 땅에 복음이 편만하게 전해지게 하시고, 지금까지 인도해 주셔서 감사합니다. 또 이 나라의 교회들이 전 세계에 선교사를 파송하는 제사장 나라가 되게 하시고, 요셉의 창고와 같이 베푸는 나라가 되게 하여 주심에 감사드립니다.

그러나 흑암의 세력들이 교회를 대적하고 복음 전도를 방해하는 일이 많이 일어나고 있습니다. 악의 세력조차도 하나님의 손에 있음을 믿사오니, 이 나라의 정부와 국회와 각 부서의 지도자들을 다스려 주셔서 하나님의 나라가 이 땅에 편만하게 세워지게 하옵소서.

국가의 흥망성쇠가 주께 달려 있사오니, 남북으로 분단된 이 나라를 긍휼히 여겨 주옵소서. 하나님을 대적하는 북한의 독재자들이 전쟁을 준비하며 이 복음의 땅을 위협하고 있습니다. 전쟁은 여호와께 있음을 믿고 기도드리오니, 나라를 지키는 군인들에게 은혜를 베풀어 주옵소서. 입대하여 복무하고 있는 자녀를 위해 기도하는 부모님들의 기도를 들으시고 안전하게 보살펴 주옵소서. 이들을 현장에서 복음으로 보살피는 군종 장교들과 군종 사병들에게 은혜를 베풀어 주옵소서.

5. 박해받는 교회를 위한 기도

그리스도를 믿는 신앙 때문에 박해를 받는 우리의 형제자매를 위해 기도합니다. 성령께서 역사하셔서 이들이 그리스도의 고난에 참여할 수 있게 된 것 때문에 오히려 기뻐하게 하소서. 주님의 이름이 그 땅에서 소멸되지 않게 하시며, 말씀의 원수가 거기서 자랑하지 않게 하소서. 옥에 갇혀 있는 성도를 긍휼히 여겨 주옵소서. 그러나 주님의 뜻이라면 죽음으로써 진리를 증거하게 하시오며 주님의 이름을 찬양하게 하소서. 주님의 영광을 위하여, 주님의 교회가 세워지는 것을 위해서, 자기의 구원을 위해서 끝까지 믿음이 견고하게 하소서.

6. 일과 가정을 위한 기도

인간의 생사화복을 주관하시는 하나님 아버지, 물질만능주의에 사로잡혀 착취와 이기적인 생존경쟁의 세상 환경 속에서 주님의 백성들이 살아가고 있습니다. 정직하고 근면 성실하게 살기보다 불로소득을 탐하는 세상에서, 주님의 말씀을 따라 살 수 있는 용기를 주옵소서. 열심히 일해서 정직하게 소득을 얻는 일에 기쁨을 주시고, 그 소유에 누릴 수 있는 복을 더해 주셔서 감사의 제목이 넘치는 삶을 살게 하여 주옵소서. 가정 식구들에게 필요한 모든 것을 때를 따라 공급하여 주시고, 온 가정이 믿음으로 하나 되게 하옵소서. 자라나는 자녀들이 세상의 미혹에 빠지지 않게 하시고, 복음을 부끄러워하지 않고, 구원받은 하나님의 자녀 됨을 자랑하는 마음을 갖게 하옵소서.

7. 성령의 조명을 위한 기도

우리(나)를 택하시고, 부르시고, 예수 그리스도를 믿게 하셔서 자녀 삼아 주신 하나님 아버지, 우리(내)가 태어나기도 전에 십자가에 자신의 목숨을 내어주신 구주 예수님, 그리고 마음을 밝혀 예수 믿어 구원받게 해주신 성령님께 감사합니다.

주님 승천하시면서 약속하신 대로 보혜사로 오셔서, 늘 함께하시는 성령님을 의지합니다. 성령님의 조명 없이는 하나님의 말씀을 깨달을 수 없고, 선악을 분별할 수도 없고, 의의 길을 갈 수도 없사오니, 항상 밝히셔서 인도하여 주옵소서.

입으로 바르고 선한 말을 하고, 마음의 생각과 뜻이 주님의 말씀과 일치하도록 하여, 항상 감사하며 살게 하옵소서.

예배 시간에 주의 말씀에 집중하게 하시고, 은혜받게 하옵소서. 기도할 때도 마땅히 구할 바를 알게 해주시고, 찬송할 때 하늘의 기쁨으로 충만하게 하옵소서.

언제 어느 때나 보혜사 성령님께서 내 곁에 계심을 알고, 느끼고, 동행하며 살아가게 하여 주옵소서.

8. 당회, 시찰회, 노회, 총회 개회 기도

역사의 주관자 되시며 주권자 되시는 하나님, 이 시간 (당, 시찰, 노)회의를 위해 책임을 맡은 자들이 모였습니다. 우리가 날마다 '거룩한 공교회를 믿는다'는 신앙고백 그대로 하나님 앞에 모인 거룩한 공교회의 회의임을 회의 시간 내내 잊지 않게 하여 주옵소서.

우리의 언행 심사를 성령님께서 주관하여 주셔서, 이 시간 우리가 의논하는 모든 일이 공교회에 유익이 되게 하시고, 하나님의 뜻이 이루어지는 결정이 되게 하여 주옵소서.

혹 사사로운 감정이나 개인적인 욕심에 치우치지 않고, 모든 대화와 발언 가운데 나보다 남을 낫게 여기는 주님의 마음을 품게 하여 주옵소서. 이제 시작하오니 마칠 때까지 모든 회원에게 성령의 인도하심과 역사하심이 충만케 하옵소서.

9. 당회, 시찰회, 노회, 총회 폐회 기도

하나님 아버지, 이제 (당, 시찰, 노)회의를 마칩니다. 이 시간 우리가 의논하여 결정한 일들이, 우리가 생각하고 기대한 것보다 훨씬 더 아름다운 열매로 나타나게 하여 주옵소서. 회의 가운데 오고 갔던 이견(異見)들로 인해 회원들의 마음에 상처로 남지 않게 하시고, 성령님의 역사하심을 믿는 믿음으로 만족할 수 있는 은혜를 부어 주옵소서.

이번 회의의 결과가 공교회에 속한 교회와 모든 성도에게 유익이 되고, 하나님의 은혜로 합력하여 선을 이루게 하여 주옵소서.

10. 아침에 드리는 기도

아버지 하나님, 지난밤 잠 잘 자게 해주시고, 눈을 떠 주님께서 허락하신 새날을 보게 하여 주셔서 감사합니다. 오늘 하루, 성령님과 동행하는 삶이 되게 하시고, 믿음의 길을 걷게 하여 주옵소서.

공중 권세 잡은 마귀 사탄의 미혹을 피하게 하시고, 맞닥뜨려 이기게 하시고, 힘이 부족하오니 하늘과 땅의 모든 권세를 가지신 주님의 능력을 사용할 수 있게 하옵소서.

오늘 하루 악과 사고에서 보호해 주시고, 필요할 때 도움의 손길을 만나게 해주옵소서. 성실하게 일하게 하시고, 다른 사람을 도우며 살게 하여 주옵소서. 그래서 주님께 영광이 되고, 주의 이름을 높이며 살게 하옵소서.

오늘도 우리 가정 식구들, 주님께서 지켜주시고 저녁에 한자리에 모여 감사의 꽃을 피우게 하여 주옵소서.

11. 식사 전 기도(식사와 함께 성경을 읽을 경우)

온 우주 만물을 창조하신 전능하신 하나님 아버지, 권능 있는 말씀으로 신실하게 우리를 지키시고, 오늘도 우리에게 일용할 양식을 허락하시니 감사합니다.

이 음식을 먹고 육신의 강건함을 얻게 하실 뿐만 아니라, 영의 양식이 중요함도 잊지 않게 하여 주옵소서.

세계 곳곳에서 배고파 굶주린 자들에게 은혜 베풀어 주시기를 원하며, 영육 간에 항상 누군가를 배부르게 해주는 삶을 살게 하여 주옵소서.

12. 식사 후 기도

은혜로우신 하나님 아버지, 우리에게 일용할 음식들을 허락하시고, 식탁에서 함께 교제하게 하시니 감사드립니다. 우리의 몸과 영혼에 필요한 모든 것을 공급하시는 주님의 은혜에 늘 감사하며 살게 하옵소서. 세상의 염려로 우리 마음이 무겁지 않게 하시고, 위로부터 공급되는 하나님의 은혜를 의지하여 살게 하옵소서.

13. 자기 전에 드리는 기도

하늘에 계신 아버지여, 오늘도 지켜주셔서 일과를 마칠 수 있게 하시니 감사드립니다. 힘든 순간마다 때를 따라 돕는 은혜를 주셔서 우리에게 필요한 모든 것을 공급해 주시니 감사합니다.

그러나 오늘도 우리가 주님께 범죄하였음을 고백합니다. 아들의 피로써 우리의 죄를 덮어주옵소서.

우리가 잠든 중에도 주님의 빛으로 우리를 비추어 주옵소서. 주님의 천사를 명하시어 우리를 지켜주옵소서. 우리에게 안식을 주셔서 내일 다시 주어진 일들을 감당할 수 있게 하소서. 염려가 우리를 괴롭히지 않게 하소서. 우리 하나님 아버지를 신뢰하며 이겨내게 하옵소서.

우리 모든 가족을 주님의 보호 아래 있게 하옵소서. 아픈 자들과 슬픔에 잠긴 자들과 어려운 일을 당한 자들에게 안식과 위로를 주소서. 특별히 이 시간 ○○○을/를 위해서 기도합니다. 주님 도와주옵소서.

> # 제10장
>
> ## 기타

제10장

기타

1. 삶의 경축 관련 참고할 성경본문

1) 돌(백일)

하나님은 예수 그리스도 안에서 언약의 자손들을 우리에게 선물로 주셨다. 돌이나 백일을 맞는 자녀가 하나님이 주신 기업이요, 복이요, 상급임을 기억하면서 이 모든 것을 허락하신 하나님께 감사드리는 예식이 되도록 한다. 자녀의 일생에 하나님의 은혜와 인도하심이 늘 함께하기를 간절히 간구한다.

다음 순서로 진행하는 것이 적절하다.

> 개식사
> 찬송(565, 569, 570장 중 하나를 부른다)
> 기도
> 성경봉독 및 권면
> 찬송(559, 563, 566장 중 하나를 부른다)
> 주기도문

(1) 시편 127:1~5

본문은 축복의 가정을 세울 수 있는 원리 가운데, '자녀들을 통한 축복'을 말씀하고 있다. 돌을 맞이한 ○○은/는, 하나님께서 ○○의 부모에게 맡겨주신 축복의 선물이다. 이 아이를 말씀을 따라 잘 양육하면, 부모들과 아이의 당대뿐만 아니라, 그 축복의 유산이 천대까지 이어질 수 있을 것이다.

(2) 시편 128:1~6

하나님은 이 가정에 ○○을/를 약속의 후손으로 주셨다. 이 아이가 평생에 하나님의 은혜와 축복으로 살기를 바란다. 부모가 하나님을 경외하는 삶을 살 때, 부모와 아이의 삶이 윤택하고 축복받은 삶을 살 수 있다고 말씀한다. '하나님을 경외하는 삶'이란 '말씀에 순종하는 일'임을 명심하자.

(3) 마태복음 19:13~15

예수님은 어린아이를 가리켜 '천국이 이런 사람의 것'이라고 하시면서 안수하고 축복해 주셨다. 이 ○○은/는 하나님께서 이 가정에 주실 때 이미 주님께서 안아주시고 축복해 주신 약속의 자녀로 태어난 아이다. 그러므로 이 아이를 말씀을 따라 잘 양육하여, 주님을 사랑하고 따르는 아이로 자라나 약속된 축복을 받아 누리게 하자.

2) 생일

하나님께서 생명을 주시고 믿음 안에서 성장하게 해주신 것에 감사하는 시간이 되도록 한다. 인내와 수고로 양육해 주시는 부모님, 기도해 주시는 주변의 지인에게 감사하면서 삶의 의미를 생각하는 시간을 보내도록 한다. 남은 생애 동안 주님을 기쁘시게 하는 삶을 살아갈 수 있도록 하나님의 인도하심을 간구한다.

> 개식사
> 찬송(429, 430, 570장 중 하나를 부른다)
> 기도
> 성경봉독 및 권면
> 찬송(384, 430, 435, 565장 중 하나를 부른다)
> 주기도문

(1) **시편 23:1~6**

다윗은 자신이 하나님의 은혜로 살아왔고, 또 앞으로도 반드시 하나님의 인자하심 아래 축복의 삶을 살게 될 것을 확신한다. 그렇게 해주시는 이유를 '자기 이름을 위하여, 곧 하나님 자신의 이름을 위하여'라고 한다. ○○이/가 하나님의 이름을 영화롭게 해 드리는 아이로 성장하도록 잘 양육하여, 평생에 주님의 은혜 아래 살게 하자.

(2) **시편 103:1~5**

다윗은 죄 사함의 은혜, 병 고침의 은혜, 모든 사건 사고를 막아주시고, 소원의 기도를 들어주시며, 독수리같이 새롭게 해주시는 은혜가, '하나님을 찬송하며 감사 생활할 때'라고 고백하고 있다. 이제 생일을 맞은 ○○○님은 앞으로 더욱 하나님께 영광 돌리며 감사하는 삶을 살아 더 큰 은혜의 자리로 나아가는 믿음의 사람 되기를 바란다.

(3) **사무엘상 2:26**

사무엘의 인생은 어머니 한나의 기도와 믿음과 순종에서 비롯되었다 해도 과언이 아니다. 부모 기도의 위대함은 기독교 역사가 증거하고 있다. 사무엘이 '점점 자라매 여호와와 사람들에게 은총을 더욱 받더라'고 한 말씀을 따라, ○○을/를 기도와 믿음으로 잘 양육하여 하나님과 사람들에게 사랑받는 아이가 되도록 하자.

(4) 이 외에도 눅 2:52, 막 10:13~16도 참조하라.

3) 회갑, 칠순, 팔순, 구순, 백수 감사

지금까지 인도하시고 지켜주신 하나님의 은혜에 감사하면서 남은 인생길에도 하나님이 동행해 주시고 크신 은혜를 베풀어 주시기를 간구한다. 부모님의 노년이 하나님 은혜 가운데 정결하고 아름답도록, 그리고 가족들이 화목하여 부모님의 기쁨이 될 수 있기를 함께 간구한다.

개식사

찬송(301, 304장 중 하나를 부른다)

기도

성경봉독 및 권면

찬송(370, 391장 중 하나를 부른다)

주기도문

---

(1) 시편 71:17~19

다윗은 노년이 되기까지 하나님의 은혜로 살아왔음을 고백한다. 그리고 앞으로 남은 생애도 하나님의 은혜에 맡기는 기도를 드린다. 특별히 다윗은 부귀영화가 아니라, 하나님의 은혜를 전하는 사명을 위해서 붙들어 주시기를 구한다. ○○○ 님의 남은 생애도 다윗과 같이 하나님께서 붙들어 주시는 은혜가 있기를 기원한다.

(2) 잠언 20:29

'젊은 자의 영화는 그의 힘'이라고 한다. 젊을 때의 건강과 힘과 능력은 보편적으로 모든 사람에게 주어지는 것이지만, '늙은 자의 아름다움은 백발이니라'는 말씀은 모든 사람에게 해당하는 말이 아니다. 오직 하나님의 은혜로만 가능한 일이다. 앞으로 ○○○ 님의 남은 생애가 하나님의 은혜로 더욱 아름다운 삶을 사시기를 바란다.

(3) 시편 90:10~16

본문은 모세의 기도다. ○○○ 님의 회갑(칠, 팔, 구, 백수) 예배를 드릴 수 있게 해주신 하나님의 은혜에 감사한다. 이제 남은 생애에 바로 이 모세의 기도 내용이 ○○○ 님께 응답되기를 기원한다. 특히 모세와 같이 남은 인생을 헤아리며 살 수 있는 지혜를 구하셔서, 즐겁고 기쁜 하나님의 은총이 가득하기를 바란다.

(4) 시편 92:12~15

구원의 은혜를 받아 의인의 신분으로 거룩한 교회 공동체에서, 하나님의 집에 심긴 나무와 같은 믿음의 삶을 살아오게 된 것을 감사드린다. 이제 남은 생애 ○○○ 님의 후손들이 번성하고, 여호와의 집, 곧 교회 공동체에서 좋은 일꾼 되어, 매사에 주님의 은혜로 그 기업이 창성하기를 바란다.

2. 계절 관련

1) 신년

신년을 맞아 가족이 함께 모여 새로운 마음으로 하나님께 감사예배를 드린다.

하나님께서 모든 복의 근원이심을 고백하고 찬송하는 시간을 보낸다. 한 해도 신실하신 하나님을 신뢰하며 하나님과 동행하는 진정한 복을 누리기를 간구한다.

다음의 순서로 진행하는 것이 적절하다.

개식사
찬송(23, 550장 중 하나를 부른다)
기도
성경봉독 및 권면
찬송(305, 551, 552장 중 하나를 부른다)
주기도문

---

(1) 시편 1:1~6

의인은 시냇가의 나무와 같이 철을 따라 열매를 맺고 형통하게 되지만, 악인은 잘되는 것 같으나 실상은 바람에 나는 겨와 같은 인생이다. 그래서 심판을 피할 수 없게 된다. 그런데 의인과 악인의 차이는 '하나님의 말씀을 묵상하고 듣고, 그 말씀에 순종하느냐 않느냐'에 있다. 하나님의 말씀을 귀하게 여기며 사모하는 삶을 살아 의인에게 주어지는 형통의 삶으로 나아가자.

(2) 시편 62:1~12

본문은 다윗이 압살롬의 반역으로 고난을 받을 때 지은 비탄의 시다. 사방에 악인들의 횡포가 가득한 고통 가운데서 어떤 믿음의 자세를 가져야 할지를 잘 보여준다. 특히 '권능은 오직 하나님께 있다'(11)는 확신과 고백으로 하나님을 찬양할 때, 그에게 반석과 구원과 요새가 되어주심을 믿는 그리스도인이 되자.

(3) 신명기 8:1~16

우리는 이스라엘 백성들이 광야 길을 걷는 삶에서 교훈을 얻어야 한다. 하나님께서 이스라엘 백성들을 광야에서 고난을 겪게 하신 이유는, 그들을 낮추셔서 겸손하게 만드시기 위함이었다. 그런데 불뱀과 전갈, 메마른 땅을 지나게 하신 이유는 '마침내 복을 주시기 위해서'(16)라고 한다. 우리가 어려움을 당할 때도 이것이 '나를 겸손하게 만드셔서 복 주시려는 하나님의 뜻'임을 기억하자.

(4) 그 외에도 시 37:3~11, 전 3:1~13, 마 9:14~17, 눅 14:16~24, 고후 4:17~18, 엡 4:21~32 등의 본문도 적당할 것이다.

2) 추석

일 년 동안 하나님께서 생업의 터전을 허락하시고, 결실의 복을 주신 것에 대해 온 가족이 함께 모여 감사예배를 드린다. 이웃과 함께 음식을 나누기도 하며 조상들을 생각하며 성묘를 하기도 한다.

다음의 순서로 진행하는 것이 적절하다.

개식사

찬송(587장)

기도

성경봉독 및 권면

찬송(588, 589장 중 하나를 부른다)

주기도문

(1) 시편 112:1~6

사람은 자기의 노력이나 실력만으로 성공할 수 없다. 땅에서 강성하고 그 후손에게까지 축복의 유산이 이어지는 것은 하나님을 경외함과 말씀을 좇아 사는 데 있다. 재물을 모아 부자가 되는 것이 반드시 축복은 아니다. 오히려 베푸는 자가 가진 소유를 누리게 되는데, 이는 하나님을 경외할 때 나타나는 의인의 모습이다.

(2) 빌립보서 4:4~7

우리 그리스도인들에게 추석은 추수감사절과 같은 절기다. 온 가족이 마음을 하나로 모아 여기까지 함께해 주신 에벤에셀의 은혜에 감사하는 것, 그것이 바로 하나님의 뜻이다. 이를 위해 서로 용납하며, 칭찬하며, 격려하며 서로가 서로에게 감사하는 식구들이 되어야 한다. 여기에 하나님의 평강의 축복이 임하게 됨을 명심하자.

(3) 신명기 16:13~15

그리스도인들이 성경적인 추석을 지키려면, 하나님께서 이스라엘 백성들에게 지키라고 명령하신 초막절의 의미를 따르면 된다. 이 절기를 통해 하나님께 감사하는 방법은, 주위에 있는 이웃들과 함께 즐거워하는 일이었다. 이것이 하나님의 은혜에 감사하는 신앙고백이며, 그리할 때 앞으로 그의 손으로 하는 일에 복을 받게 될 것이라고 말씀한다.

(4) 그 외에도 눅 6:43~45, 시 81:1~11, 시 128:1~6, 시 136:21~26을 참고하라.

3. 기타

1) 입주

새로운 거처를 허락하신 하나님의 은혜에 감사하고, 그 장소에 머무는 동안 하나님께서 계획하신 뜻이 이루어지기를 기원한다. 환경과 생활의 변화 속에서도 하나님의 보호하심과 지속적인 도우심을 구한다.

다음의 순서로 진행하는 것이 적절하다.

> 개식사
> 찬송(383, 384장 중 하나를 부른다)
> 기도
> 성경봉독 및 권면
> 찬송(438, 488, 559장 중 하나를 부른다)
> 주기도문

(1) 잠언 24:1~4

집은 나그네 인생길에서 잠시 정착할 거처지만, 집을 얻어 입주하는 것은 하나님의 은혜다. 그러나 더 중요한 것은 입주한 집에서 하나님의 은혜를 받아 누리는 삶이다. 성경은 집을 지혜로 세우고 명철로 견고하게 하며, 지식으로 각 방을 보배로 채우라고 한다. 지혜와 명철과 지식은 바로 하나님의 말씀임을 기억하자.

(2) 창세기 35:1~15

하나님께서 어려움에 처한 야곱에게 "벧엘로 올라가서 제단을 쌓으라"고 말씀하셨다. '벧엘'은 '하나님의 집'이라는 뜻이다. 이 말씀에 순종한 야곱에게 하나님께서는 복과 은혜를 베푸셨다. 이 집에서 항상 '벧엘'의 신앙고백으로 살아서, 야곱에게 베푸신 임마누엘의 은혜 아래 살게 되기 바란다.

(3) **시편 91:1~11**
새로 입주하는 이 집이 하나님께서 지켜주시는 피난처와 요새가 되기 바란다. 이 집을, '하나님께서 은밀하게 지켜보고 계신다'는 믿음으로 말씀에 순종하며 살 때, 하나님께서 그늘로 보호해 주시고, 모든 재앙으로부터 안전하게 지켜주실 것이다. 따라서 9절 말씀대로 '하나님을 거처로 삼는다'는 믿음대로 살기 바란다.

(4) 이 외에도 창 12:1~3, 행 10:1~2, 엡 1:3~6을 참조하라.

2) 개업

성도가 어떤 사업에 착수하면서 하나님의 인도와 경영, 복과 은혜를 구하는 시간이다. 예식을 통해 사업을 시작하게 하신 하나님께 감사하며, 이 사업을 통해 가정의 삶을 영위하며, 이웃과 교회를 섬기면서 하나님께 영광을 돌리기를 기원한다. 미신적이거나 부의 축복만을 비는 예식이 되어서는 안 된다.

개식사
찬송(28, 383장 중 하나를 부른다)
기도
성경봉독 및 권면
찬송(302, 384, 408장 중 하나를 부른다)
주기도문

(1) 잠언 3:5~6

성경은 '게으르지 말고 부지런하라'고 말씀한다. 그리스도인은 사업을 하고, 장사할 때 최선을 다해서 부지런히 일해야 한다. 그러나 시편 127장 2절에 보면 '일찍 일어나고 늦게 누우며 수고의 떡을 먹음이 헛되도다'라고 말씀한다. 이 말씀을 기억하여 내 지식과 명철이 아닌, 하나님의 은혜로만 수고의 열매가 축복으로 주어짐을 명심하고, 말씀을 따라 순종하는 믿음의 사람이 되기 바란다.

(2) 잠언 16:1~3

사업의 성공은 '최선을 다하는 노력' 위에 '하나님의 은혜와 축복'이 더해져야 가능하다. 성경은 '너의 행사, 곧 모든 사업을 하나님께 맡기라'고 말씀한다. 그러면 하나님께 맡긴다는 뜻은 무엇이겠는가? 내 상식과 지식으로는 이해가 되지 않을지라도, 마음을 다해 말씀에 순종하는 것이다. '심령을 감찰하시는 하나님'께서 그분의 능력의 손으로 함께 해주심을 믿으며 사업을 하기 바란다.

(3) 시편 37:16~22

사람들은 돈을 많이 벌면 사업에 성공했다고 생각한다. 그러나 소유가 곧 축복은 아니라는 점을 기억해야 한다. 많이 벌고 성공했지만, 불행의 늪에서 헤매는 사람들이 얼마나 많은가! 성경은 의인의 손을 붙드시고 그의 기업에 은혜를 베푸시고 복을 주신다는 점을 강조한다. 의인은 곧 말씀을 따라 일하는 믿음의 사람임을 명심하자.

(4) 그 외에도 창 13:14~17, 창 26:12~18, 시 128:1~6 등을 참조하라.

3) 직장 은퇴

직장 은퇴는 생애 주기 속에서 중요한 변곡점이 된다. 사회적으로, 개인적으로, 가정적으로 큰 변화를 겪으며 염려와 두려움 앞에 서게 되지만, 하나님께 예배하며 은혜를 구하면서 남은 인생의 과정들을 넉넉히 이겨낼 힘을 주시길 간구한다.

다음의 순서로 진행하는 것이 적절하다.

> 개식사
> 찬송(310, 361, 382장 중 하나를 부른다)
> 기도
> 성경봉독 및 권면
> 찬송(370, 416, 484장 중 하나를 부른다)
> 주기도문

(1) 여호수아 14:10~15

이 시대를 가리켜 백세시대라고 한다. 그러나 육체가 건강해도 마음이 시들면 장수도 의미가 없는 것이다. 갈렙은 85세가 되었을 때 '아직도 강건하니 산지를 점령할 수 있도록 허락해 달라'고 한다. 그는 육체보다 하나님의 약속을 믿는 믿음이 강건한 사람이었다. 하나님께서는 그와 함께 하셔서 소원을 이루도록 하셨다. 은퇴가 하나님께서 새롭게 함께 하시는 시작이 되기 바란다.

(2) 시편 92:12~15

파란만장한 세월을 거쳐 은퇴하게 된 것이 하나님의 은혜가 아닐 수 없다. 그러나 본문은 은퇴가 끝이 아니라, 새로운 은혜의 시작이 될 수 있음을 말씀한다. 그 비결은 바로 '하나님의 집에 심긴 나무'와 같은 삶을 살 때다. 하나님의 집인 교회에서 더욱더 기도하고, 격려하고, 축복하는 삶을 살아서 '늙어도 결실하고 풍족한 삶'을 사는 믿음의 사람이 되기 바란다.

4) 기공 감사

건축을 시작하게 해주신 하나님께 감사하고, 모든 과정 가운데 하나님께서 은혜를 베푸시기를 기원한다. 이 일에 관하여는 사람들의 안전을 지켜주시고 건물이 완성될 때까지 도와주시기를 기도한다.

다음의 순서로 진행하는 것이 적절하다.

> **개식사**
> **찬송(204장)**
> **기도**
> **성경봉독 및 권면**
> **찬송(382, 383, 384장 중 하나를 부른다)**
> **주기도문**

(1) 시편 127:1~2

건축의 기본은 주초를 잘 놓아야 하고, 좋은 설계와 좋은 건축자재로 튼튼하게 짓는 것이다. 그러나 그보다 더 중요한 것은 하나님의 전능하신 손이 함께 해주시는 은혜다. 즉 하나님께서 건축에 관계된 모든 사람에게 은혜를 베푸셔서 신실하게 일하게 하시고, 또 모든 건축 과정이 순조롭게 완공되어 말씀 그대로 '사랑하는 자에게 잠을 주시는' 평안의 은혜가 있기를 축복한다.

(2) 마태복음 7:24~27

이렇게 기공예배를 드리며, 모든 건축 과정이 은혜롭게 진행되어 아주 튼튼하고 만족한 집이 완공되기를 기원한다. 성경은 반석 위에 세운 집과 모래 위에 세운 집을 비교하며, 반석 위에 집을 세워야 함을 강조한다. 이 건물의 건축이 잘 이루어지는 것처럼, ○○○ 님과 ○○○ 님에게 속한 가족의 영혼 건축도 반석 위에 서기를 바란다. 이를 위해 하나님의 말씀을 듣고 행하는 지혜로운 사람이 되자.

5) 준공 감사

기공부터 준공에 이르기까지, 모든 과정에 베풀어 주신 하나님의 은혜에 감사한다. 수고한 손길 위에 복을 주시길 기도한다. 또 이 건축을 통해 사람들에게 유익이 되고, 하나님의 선한 목적에 잘 사용되기를 기원한다.

다음의 순서로 진행하는 것이 적절하다.

> 개식사
> 찬송(1장)
> 기도
> 성경봉독 및 권면
> 찬송(301, 445장 중 하나를 부른다)
> 주기도문

(1) 시편 91:9~11

하나님의 은혜로 건축을 완공하고, 준공 감사예배를 드리게 되었다. 이제는 건축보다 더 중요한 하나님의 은혜를 바라보자. 11절 말씀과 같이 하나님이 천사를 보내어 주셔서 화나 재앙이 이 장막에 미치지 못하도록 은혜가 있기를 바란다. 이를 위해 여기에서 항상 하나님을 피난처로 삼고 주님을 거처로 삼는다는 신앙 고백적인 삶을 살아야 할 것이다.

(2) 사무엘상 7:12~14

이스라엘이 하나님의 은혜로 구원받았을 때, 사무엘은 한 돌을 취하여 세웠다. 백성들이 그 돌을 볼 때마다 '하나님이 여기까지 도우셨다'는 은혜를 기억하도록 그곳을 '에벤에셀'이라 불렀다. 이제 건축을 완공하게 해주신 하나님의 은혜를 잊지 않고, 마음으로 이 집 곳곳에 '에벤에셀의 돌'을 세우자. 이곳에 모이는 믿음의 사람들이 날마다 하나님의 도우심에 감사하며 살아서 하나님의 은혜와 평강의 복을 받아 누리길 소망한다.

부록

부록

사도신경 / 니케아 신경 / 십계명

부록 1. 사도신경

나는 전능하신 아버지 하나님, 천지의 창조주를 믿습니다.

나는 그의 유일하신 아들, 우리 주 예수 그리스도를 믿습니다.
그는 성령으로 잉태되어 동정녀 마리아에게서 나시고,
본디오 빌라도에게 고난을 받아 십자가에 못 박혀 죽으시고,
장사된 지 사흘 만에 죽은 자 가운데서 다시 살아나셨으며,
하늘에 오르시어 전능하신 아버지 하나님 우편에 앉아 계시다가
거기로부터 살아 있는 자와 죽은 자를 심판하러 오십니다.

나는 성령을 믿으며,
거룩한 공교회와 성도의 교제와
죄를 용서 받는 것과
몸의 부활과
영생을 믿습니다. 아멘.

부록 2. 니케아 신경

우리는 전능하신 하나님 아버지,
하늘과 땅과 모든 보이는 것들과 보이지 않는 것들의 창조주를 믿습니다.

그리고 우리는 한 주님 예수 그리스도, 아버지의 독생자를 믿으오니,
그분은 만세(萬世) 전에 아버지에게서 출생하셨고,
빛으로부터의 빛이시며, 참 하나님으로부터의 참 하나님이십니다.
출생하셨지 만들어지지 않으셨고,
아버지와 동등본질이시며,
그분으로 말미암아 만물이 있게 되었습니다.
우리 인간과 우리 구원을 위하여 하늘에서 내려오시어
성령으로 말미암아 동정녀 마리아에게서 성육하셨고,
사람이 되시었습니다.
우리를 위하여 본디오 빌라도 치하에서 십자가에 못 박히시었고,
고난당하고 장사되시었습니다.
성경을 따라 사흘 만에 부활하셨고,
하늘로 올라가시었고, 아버지의 오른편에 앉아계시며,
영광 중에 다시 오시어 산 자들과 죽은 자들을 심판하실 것입니다.
그분의 나라는 끝이 없을 것입니다.

그리고 우리는 주님이시며 생명의 수여자이신 성령을 믿으오니,
그분은 아버지와 그리고 아들로부터 나오시며,
아버지와 아들과 함께 경배와 영광을 받으시는 분이며,
선지자들을 통하여 말씀하셨습니다.
우리는 하나의 거룩하고 사도적인 공교회를 믿습니다.
우리는 사죄를 얻게 하는 하나의 세례를 고백합니다.
우리는 죽은 자들의 부활과 내세의 생명을 대망합니다. 아멘.

부록 3. 십계명(출애굽기 20:1~17)

하나님이 이 모든 말씀으로 말씀하여 이르시되 나는 너를 애굽 땅, 종 되었던 집에서 인도하여 낸 네 하나님 여호와니라

너는 나 외에는 다른 신들을 네게 두지 말라

너를 위하여 새긴 우상을 만들지 말고 또 위로 하늘에 있는 것이나 아래로 땅에 있는 것이나 땅 아래 물 속에 있는 것의 어떤 형상도 만들지 말며 그것들에게 절하지 말며 그것들을 섬기지 말라 나 네 하나님 여호와는 질투하는 하나님인즉 나를 미워하는 자의 죄를 갚되 아버지로부터 아들에게로 삼사 대까지 이르게 하거니와 나를 사랑하고 내 계명을 지키는 자에게는 천 대까지 은혜를 베푸느니라

너는 네 하나님 여호와의 이름을 망령되게 부르지 말라 여호와는 그의 이름을 망령되게 부르는 자를 죄 없다 하지 아니하리라

안식일을 기억하여 거룩하게 지키라 엿새 동안은 힘써 네 모든 일을 행할 것이나 일곱째 날은 네 하나님 여호와의 안식일인즉 너나 네 아들이나 네 딸이나 네 남종이나 네 여종이나 네 가축이나 네 문안에 머무는 객이라도 아무 일도 하지 말라 이는 엿새 동안에 나 여호와가 하늘과 땅과 바다와 그 가운데 모든 것을 만들고 일곱째 날에 쉬었음이라 그러므로 나 여호와가 안식일을 복되게 하여 그 날을 거룩하게 하였느니라

네 부모를 공경하라 그리하면 네 하나님 여호와가 네게 준 땅에서 네 생명이 길리라

살인하지 말라

간음하지 말라

도둑질하지 말라

네 이웃에 대하여 거짓 증거하지 말라

네 이웃의 집을 탐내지 말라 네 이웃의 아내나 그의 남종이나 그의 여종이나 그의 소나 그의 나귀나 무릇 네 이웃의 소유를 탐내지 말라

부록 4. 십계명(신명기 5:6~21)

나는 너를 애굽 땅, 종 되었던 집에서 인도하여 낸 네 하나님 여호와라

나 외에는 다른 신들을 네게 두지 말지니라

너는 자기를 위하여 새긴 우상을 만들지 말고 위로 하늘에 있는 것이나 아래로 땅에 있는 것이나 땅밑 물 속에 있는 것의 어떤 형상도 만들지 말며 그것들에게 절하지 말며 그것들을 섬기지 말라 나 네 하나님 여호와는 질투하는 하나님인즉 나를 미워하는 자의 죄를 갚되 아버지로부터 아들에게로 삼사 대까지 이르게 하거니와 나를 사랑하고 내 계명을 지키는 자에게는 천 대까지 은혜를 베푸느니라

너는 네 하나님 여호와의 이름을 망령되이 일컫지 말라 나 여호와는 내 이름을 망령되이 일컫는 자를 죄 없는 줄로 인정하지 아니하리라

네 하나님 여호와가 네게 명령한 대로 안식일을 지켜 거룩하게 하라 엿새 동안은 힘써 네 모든 일을 행할 것이나 일곱째 날은 네 하나님 여호와의 안식일인즉 너나 네 아들이나 네 딸이나 네 남종이나 네 여종이나 네 소나 네 나귀나 네 모든 가축이나 네 문 안에 유하는 객이라도 아무 일도 하지 못하게 하고 네 남종이나 네 여종에게 너 같이 안식하게 할지니라 너는 기억하라 네가 애굽 땅에서 종이 되었더니 네 하나님 여호와가 강한 손과 편 팔로 거기서 너를 인도하여 내었나니 그러므로 네 하나님 여호와가 네게 명령하여 안식일을 지키라 하느니라

너는 네 하나님 여호와께서 명령한 대로 네 부모를 공경하라 그리하면 네 하나님 여호와가 네게 준 땅에서 네 생명이 길고 복을 누리리라

살인하지 말지니라

간음하지 말지니라

도둑질 하지 말지니라

네 이웃에 대하여 거짓 증거하지 말지니라

네 이웃의 아내를 탐내지 말지니라 네 이웃의 집이나 그의 밭이나 그의 남종이나 그의 여종이나 그의 소나 그의 나귀나 네 이웃의 모든 소유를 탐내지 말지니라

예전예식서

대한예수교장로회 고신총회
THE KOSIN PRESBYTERIAN CHURCH IN KOREA

예전예식서

초판 인쇄	2025년 8월 18일
초판 발행	2025년 9월 4일
편집	대한예수교장로회 고신총회
발행	대한예수교장로회 총회출판국
	출판등록 제22-1471호(1998년 12월 11일)
	06593 서울특별시 서초구 고무래로 10-5 (반포동)
	전화 (02)592-0986~7 팩스 (02)595-7821
	www.qtland.com
가격	20,000원
ISBN	978-89-5903-385-0 (13230)

이 책은 저작권법에 의해 보호를 받는 출판물입니다.
고신 총회의 허락이 없이는 무단 전재와 복제를 금합니다.

ISBN 978-89-5903-385-0

예전예식서

대한예수교장로회 고신총회
THE KOSIN PRESBYTERIAN CHURCH IN KOREA